学歴格差の経済学

橘木俊詔　松浦 司

勁草書房

は し が き

　教育問題が社会の関心の的である。生徒・学生の学力低下が叫ばれている一方で、学校ではいじめ、不登校などのことが話題になる。政府もこのことを直視して、「教育再生会議」を設けて教育改革を重要課題の１つとして取上げた。文部科学省における教育制度改革の審議機関である「中央教育審議会」においても、新しい制度を求めて多方面から議論を重ねている。

　教育問題はこのように政府トップにおける改革議論も大切であるが、日頃の教育現場における先生や生徒、さらに親のことをよく知ることも必要である。特に生徒・学生を学校に送る親が教育のことをどう理解しているのか、そして自分の子どもにどのような教育を施したいのかを知ることは重要なことなので、本書ではそのようなことに注目することとした。

　子どもを公立学校に送るのか、それとも私立学校に送るのか、親の選択に依存するところが大きい。特に小学校入学という時点であれば、子どもはまだ知識も不足しているし、判断能力も十分ではないので、親の意向が働いているとみなしてよい。さらに５〜６歳の頃であれば、子どもの学力もよくわからないので、親もどの学校にいれたらよいのか、迷いがあるだろう。中学・高校入学の段階となれば、子どもの学力もかなりわかる年代になるので、子どもと親の双方の意向が反映される程度は高まっている。

　私立学校に通うには教育費がかなりかかる。親の経済力がどの程度作用しているのか、これは私立の小中学校に通うかどうかの選択のみならず、大学において私立大学に通うかどうかに関しても影響する。名門校といわれる東京大学・京都大学・早稲田大学・慶應義塾大学などの大学に進学するには、かなりの受験準備をする必要がある。塾や家庭教師といった学校外教育にもお金がか

i

かるので、ここでも親の経済力、あるいはもっと一般論でいえば社会階層の高い親の子どもが有利であるかもしれない。

このような視点に立脚して、日本において親の階層が子どもの教育達成にどのような影響力があるのか、さらに子どもの所得を決めるのにその教育がどれだけの効果を及ぼしているのか、ということを分析するのが本書の目的の1つである。その際に学費の高い私立の小中学校、さらに私立大学に入学するという選択メカニズムが、どのようになっているのか注目した。

わが国は格差社会に突入したとの認識が高まっている。貧富の格差が大きくなったと同時に、階層の固定化が進行中と理解されている。このような分野において教育の果たす役割は非常に大きく、格差社会の動向を予想する上での教育の役割に注目して、本書では各所でこのことを論じている。

私立大学といえば、早稲田・慶應の両大学の地位が非常に高くなった時代である。戦前にあっては早慶両校は帝国大学の後塵を拝していたが、現代では名門校として君臨するようになったし、政界、経済界といった分野では東大などを追い抜いている。なぜ早慶両校がこのように地位を高めたのか、私学の代表として様々な角度から論じている。

大学進学に際してどの学部を選択するかは大きな決定事項である。本人の能力と関心、特に数学への好感度と能力が大切であることに加えて、どの学部を卒業したかはその人の職業決定や所得に大きな影響力がある。特に理系を選択するのか、それとも文系を選択するのかは、本人の能力と卒業後の職業として何になりたいのかの希望に大いに依存するので、それらのことを分析している。さらに、企業や官庁に就職した際、理系と文系の人がどのような処遇を受けているのか、かなり細かく分析しており、進路決定の参考になるようにしているし、政策提言も行っている。

義務教育はほぼ全額、高校においてもかなりの公費が投入されている。公費は当然のことながら、税金での負担である。もし地方で教育を受けた人が中央の大学を卒業して、その後地方に戻らず中央に残ることがあるなら、小中高校の教育費を地元の人々の税金で負担していたのが、ムダな教育投資になると理解できる。なぜなら地方に戻って有能な人として経済活動をしないからである。義務教育や高校教育の財政負担を地元で行うべきなのか、それとも国費で負担

はしがき

すべきかということが、この問題と深く関係するので、このことを本書では分析している。

　人々が教育を受けることによってどのような利益を受けているのか、例えば職業とか所得への効果がどのようなものであるのか、かなりのことが教育学、社会学、経済学において分析されているのでよく分かっている。しかし、教育を受けた本人がそのようなことをどう自己診断しているのか、さほどの分析がないので、ここでそのことに注目してみた。特に名門校出身者が自分の受けた教育をどう評価しているのか、興味ある事実が提供されている。

　教育に関してはギリシャ・ローマの古い時代から教育哲学として、人はなぜ教育を受けるかということを巡って議論がなされてきた。本書では古い時代から現代に至るまで教育哲学の偉人たちの思想を簡単にレビューして、現代での教育の意義を再評価している。ここでの貢献は、実は経済学も教育の役割なり意義を分析しているので、教育哲学から主張されていることと、経済学からの主張をどう融合させたらよいのか、1つの解釈を示していることにある。

　最後に、本書の分析結果を踏まえて、日本の教育をどう改革すればよいのか、私見を交えて具体的に主張している。教育は百年の計とたとえられるほど、社会・経済に与える影響力は大きいし、なによりも個人の人生に大きく左右することでもある。日本の教育がよい方向に進むように期待しつつ、本書を執筆した。

iii

学歴格差の経済学

目　次

はしがき

第1章　階層・学歴・収入：3期間パネルデータによる検証 ……………1

　1　教育を通じた格差の世代間移転　**1**

　2　先行研究のサーベイ　**3**

　3　モデルと実証分析の手法について　**6**

　4　収入関数の推定　**12**

　5　階層の世代間移転からみる銘柄大学と収入の関係　**15**

　6　本章で示したことと今後の課題　**17**

第2章　早稲田大学と慶應大学の名門度の上昇 ……………21

　1　はじめに　**21**

　2　戦前の早慶は並の学校だった　**21**

　3　戦後から1979年まで　**25**

　4　1979年以降の早慶人気の沸騰　**28**

　5　まとめ　**41**

第3章　医学部を除く理系出身者の出世・経済生活は不利 ……………43

　1　はじめに　**43**

　2　理系出身者は出世しない　**43**

　3　なぜ理系の人は昇進しないのか　**55**

　4　理系の中でも医学部は別格　**67**

　5　政策はあるのか　**70**

目 次

第4章　学部選択の要因分析 ………………………………73

1　理工系学部を選択する人はどのような人か　**73**

2　先行研究のサーベイ　**74**

3　学部選択の全体的傾向　**74**

4　大学・学部選択の要因　**76**

5　家庭環境要因が学部選択にどのように影響するのか　**78**

6　親の属性が本人に与える影響について　**81**

7　本人の属性が子どもに与える影響について　**85**

8　本章で示したことと今後の課題　**87**

第5章　誰が子どもを私立に通わせるのか ………………89

1　子どもの学校選択を分析する2つの目的　**89**

2　家計調査報告でみる所得階層と子どもの学校　**90**

3　先行研究のサーベイ　**92**

4　公立学校教育不満仮説　**95**

5　親の属性依存仮説　**97**

6　モデルとデータの説明　**98**

7　誰が子どもを私立や国立の小中学校に通わせているのか　**102**

8　学校選択制度との関係について　**106**

9　本章から導かれる2つの政策的含意　**109**

第6章　人口の地域間移動と義務教育費国庫負担制度

………………………………………………………111

1　「聖域なき構造改革」と義務教育費国庫負担制度　**111**

2　義務教育費国庫負担制度の変遷　**112**

3　三位一体の改革の経済学的意味　**112**

vii

4 義務教育費国庫負担制度をめぐる議論　**114**

5 義務教育費国庫負担制度の意義と効果　**116**

6 地域間移動に関する数量分析　**121**

7 総額裁量制について　**124**

8 義務教育費国庫負担制度と地域間の再分配　**126**

第7章　学歴にどのような意味があるのか：
本人の意識に注目して …………………………………………**129**

1 シグナリング理論と人的資本理論　**129**

2 先行研究のサーベイ　**130**

3 教育の有用感と学歴、職種、小学生のときの算数の好感度　**132**

4 モデルと変数の説明　**135**

5 どのような人が自分の学歴が仕事に有用であると感じているのか
　：推定結果1　**138**

6 学歴を有用であると感じた理由と社会経済的変数の関係
　：推定結果2　**142**

7 本章で示したことと今後の課題　**145**

第8章　教育は何のためにあるのか …………………………**147**

1 教育に対する哲学者と経済学者、社会学者の考え方　**147**

2 人間形成としての教育　**148**

3 働き手としての能力を高める教育　**153**

終　章　教育改革に向けて ………………………………………**165**

目　次

参考文献 ……………………………………………………………173

あとがき ……………………………………………………………179

索　引 ………………………………………………………………181

ix

第 1 章

階層・学歴・収入
3期間パネルデータによる検証

1　教育を通じた格差の世代間移転

　最近、所得格差の問題に多くの人が注目するようになってきている（例えば、橘木(2006)参照）。所得格差の問題についてあまり重要な問題だと考えない人であっても、格差の拡大が世代間にわたって続き、階層が固定化することについては、否定的であるのが一般的である。そこで本章の目的は、階層の世代間移転について、教育がどのような役割を果たしているのかに注目して分析を行うことである。階層の世代間移転と教育の関係については、社会学や教育学の分野でしばしば議論されてきた。代表的例として、苅谷(2001)、佐藤(2000)、橘木(2004)などがある。ただし、これらの分野の研究では、主に親の階層と子どもの学力や教育・職業の関係に対する分析が中心であり、格差の世代間移転の経路についての詳細な考察に関して、残された課題がある。

　残された課題とは、先行研究では教育を通じた階層の世代間移転を論じるときに、親の階層が子どもの教育を通じて子どもの収入に影響しているのか、それとも階層が直接的に子どもの収入に影響しているのか、もしくはその両方かということを十分に論じることができていないことである。そこで、本章は図

図1-1　親の階層、子どもの学歴、子どもの収入の因果関係

1‑1で示すような関係を想定し、実証的に検証を行う[1]。

　そこで、本人収入に与える要因について、上記の問題点を考慮したうえで2つの仮説を設定し、学歴を経由した階層の世代間移転という問題を考察したい。第1の仮説は「親の階層が子どもの学歴に影響を与え、子どもの学歴が将来収入に影響するという間接的効果だけでなく、親の階層が子どもの収入に直接影響する」という仮説である。第2の仮説は「学歴によって収入が影響されるだけではなく、比較的初期の段階での能力が学歴に影響を与え、さらに能力自体がその後の収入にも影響する」という仮説である。

　第1の仮説とは次のようなことを意味する。親の階層は子どもの学歴に影響し（図1‑1①）、子どもの学歴は子どもの収入に影響する（図1‑1②）が、それと同時に子どもの収入に、親の社会階層が直接的に影響する（図1‑1③）ことも考えられる。例えば、高い階層に帰属している親が、子どもに多くの教育投資を行い、高学歴を得られるようにする。同時に親のコネクションなどで有名企業に入社して、高い収入を得る場合を考える。この場合、子どもの収入が高い原因は学歴によるというよりも、親の社会階層であると考えるべきであろう。

　第2の仮説の具体的説明は以下の通りである。人は生まれつきの能力に差があることは、多くの人が認めることである[2]。ここで能力とは、子どもが若いときに示した学力、ないし学業成績を念頭におく。同じ学歴でも収入が異なるというのは、学歴が原因ではなく、比較的初期の段階で得た能力[3][4]の差が原因であるとも考えられる。それにもかかわらず、従来の研究では能力のコントロールを行っていない。労働経済学や教育経済学の分野では、大学卒業などの学歴が収入に与える効果について分析が行われている。そのときに、1つの問題がある。もともとの能力が高く、大学進学にかかわらず高い収入を得られる場合、単純に収入を学歴により回帰分析しても、学歴の収入に与える効果を識別できない。学歴の収入に与える効果を識別するために、操作変数法などを用いた分析が海外の研究でも数多く存在する。本章では、このような問題に対処するために、能力の代理変数として小学生のときの算数の好感度を用いた。算数の好感度が学歴に影響するとともに、直接的に収入にも影響することを想定したモデルにて実証分析を行った。

第1章 階層・学歴・収入

　もっとも、小学生のときの算数の好感度のみを能力の指標とするのは不十分
である。そこで、観察されない個人特有の要因をパネルデータによりコントロ
ールする方法や、トリートメント効果モデルを使用して推定を行う方法を用い
た。

2　先行研究のサーベイ

　仮説1に関して、親の階層と子どもの階層の関係を分析するという社会変動
に関する研究は、社会学・教育社会学では一般的に行われている。代表例とし
ては、「社会階層と社会移動全国調査」（以下では SSM 調査と呼ぶ）による分析
が挙げられる。この調査は1955年以降、10年に1度、社会階層と社会変動を分
析するために行われている活動であり、1995年調査の分析結果の一例としては、
『1995年 SSM 調査シリーズ』や盛山他編（2000）『日本の階層システム』とい
った書籍が刊行されている。また、吉川(2006)は学歴と職業階層の関係につい
て、パス解析などを使用して分析している。さらに、盛山・原・白波瀬編
(2008)『リーディングス　戦後日本の格差と不平等（全3巻）』は、社会学の分
野における格差や不平等論に関する論文集となっている。

　岩本(1998)によると、教育社会学における多くの先行研究は「進学率の上昇
によって、教育機会の不平等は縮小する」という命題を否定している。岩本は
不平等が縮小しない原因として、家庭の経済的要因と文化的要因という2つの
側面を考慮している。経済的側面とは仮に大学進学する能力があったとしても、
家庭の経済的都合により進学を断念するようなケースである。

　経済学的にいうと、借り入れ制約があるケースである。借り入れ制約とは、
たとえ親が貧乏であったとしても銀行などから借金をして子どもの教育費支出
に回せるが、その借り入れができないことをさす。しかし、信用市場が完全で
あるならば、家庭の経済的都合は大きな問題にはならない。高度成長期には教
育に関する信用市場の整備がされておらず、大学に進学する費用を捻出できな
い家計も相当な割合で存在したが、個人所得の上昇と教育ローンなどの信用市
場の整備により、経済的要因によって大学進学を断念するケースは減少するで
あろうことが推測される。

3

それにもかかわらず、現在においても大学進学が社会階層に依存しているという実証研究が報告されている。それを説明する論拠は、たとえ信用市場が完全であったとしても、親が貧乏であれば銀行から借金をしてまでも、子どもの教育費を調達しようとしない可能性がある。なぜならば、親のなかには早く子どもに仕事に就いて稼いでもらいたいと希望し、子どもの教育に価値を見出さない人もいるからだ。また、Carneiro and Heckman(2002)は、親の属性と子どもの大学進学率の関係について、借り入れ制約という短期的要因と長期的な家族の要因の2つに分けることができるとして、後者の影響の方が大きいことを実証している。さらに、Heckman and Krueger(2004)では、人的資本蓄積と所得格差の関係を論じている。ヘックマンは借り入れ制約の存在を否定し、一方、クルーガーは借り入れ制約のために教育が受けられない層が存在し、所得格差の原因になっているとする。

経済学の分野で日本における教育と社会階層変動の関係を扱った研究として、樋口(1992)がある。樋口は『第26回大学生の消費生活に関する実態調査』のデータを使い、家計支持者の年収が子どもの偏差値をうまく説明できるかどうか検定を行い、偏差値が親の年収と有意な相関があることを示した。また、学歴による所得格差について実証し、その結果、大企業に就職できる人とできない人の学歴の差が拡大しているとした。さらに、卒業大学の偏差値と期待生涯所得に正の相関があることも実証している。樋口(1992)は高卒と大卒の就職状況や生涯所得、および大学間の就職状況や生涯所得の違いを扱っている。樋口は生涯所得を産業別と企業規模から推計し、学歴との関係を分析している。また、Tachibanaki(1988)は1985年SSM調査のデータを用いて、教育、職業、階層、所得を職業、親の教育歴、仕事の経験年数で同時方程式のモデルを立てて推定している[5]。

仮説2に関する先行研究としては、以下のものが挙げられる。教育の賃金に与える効果について、能力などの個人の観察されない要因を考慮した分析として、Angrist and Krueger(1991)がある。そこでは、個人の観察されない要因により教育の賃金に与える効果を識別できないという問題に対処するために、操作変数法を用いて分析している。また、Card(1999)は学歴の賃金に与える効果について分析した先行研究を包括的にサーベイしている。Currie and

第 1 章　階層・学歴・収入

Duncan(1995)は、双子の兄弟のサンプルを使用して、アメリカのヘッドスタート計画[6]が子どもの認知能力、学校の成績、健康に与える効果を分析している。双子のサンプルを用いた理由は、双子の場合に生まれつきの能力にほとんど差がないという前提のもとで、個人特有の効果をコントロールするためである。この論文は家庭環境と年収の関係を分析した本章と異なっているが、個人特有の効果を考慮しつつ、親をはじめとする家庭環境が子どもの認知能力や健康に与える効果を分析している点で類似する。Sacerdote(2002)は、子どもの生まれ持った能力と環境による効果を区別することを目的として、養子の子どもの学歴や所得を分析している。その結果、高い階層や高所得の家庭で育つ子どもは、高学歴を得ており、若年期に結婚する確率を低下させることが示された。Ashenfelter and Rouse(1998)は、双子の兄弟のデータを使用して、教育投資の効果を推定した。その結果、教育の収益率は能力がない人の方が大きいことが示された。この実証分析から、能力がある人が高い学歴を身につける理由は、学校に行くことの限界費用が低いためであり、学校に行くことによって得られる限界収益が高いためでないということが示された。

　日本における実証結果では、以下のものが存在する。浦坂他(2002)では、同じ大学出身でも大学入試のときに、数学選択者と数学非選択者では、数学選択者の方が学業成績は高く、その後の所得も数学受験者の方が多いことを実証している。このような結果から、大学入試で数学を受験することが、「数的処理能力・データ解析能力」「コンピューターに関する能力」を身につけ、それが仕事をする上で（所得を得る上で）特に役に立っていると回答する確率を高めていると結論づける。

　松繁(2002)は、英語能力と経済的地位の関係の分析をしている。松繁(2003)は、本章の問題意識と近い。そこでは、親の職業と小学生のときの成績、学歴、子の職業の関係を分析している。その結果、親の職業と小学生のときの成績に関して、男子は強い相関があること、小学生のときの成績と学歴は男女ともに強い相関があること、男子では高学歴と上位カテゴリーの職業には相関があることを示した。

　野崎(2006)は、中学 3 年生のときの成績を潜在能力の代理変数として、ミンサー型の賃金関数[7]を計測している。Paglin and Rufolo(1990)は、男女の賃

5

金格差を数学の能力で説明し、男女間の賃金格差のなかに男女間の数学能力差によって説明できる部分が存在することを指摘している。

3　モデルと実証分析の手法について

　本章は、先ほど述べた2つ仮説を検証することを目的とするが、これらの仮説は相互に独立した別々の仮説ではなく、密接に関連し合っている。そこで、検証する仮説の相互関係を平易なかたちでモデル化する。まず、これらの仮説を検証するためのデータと実証手法について簡単な説明を行いたい。

使用するデータの説明

　データは、平成16年度科学研究費補助金（基盤研究（A）「格差の世代間移転と意欲促進型社会システムの研究」（代表者：橘木俊詔））において、平成16年から平成18年まで、3年間実施された「階層化する日本社会に関するアンケート調査」の個票データを使用する。アンケートはネット調査会社[8]に依頼し、調査会社と提携するモニターを対象にしてインターネットを通じて行われた。2004年の回収数は6,813件（回収率76.0％）、2005年の回収数は5,362件（回収率82.2％）、2006年の回収数は4,158件（回収率76.0％）であった。本データは、本人の学歴、職種、年収、文化的経験などが尋ねられているだけでなく、さらに本人の小中学生のときの成績、高校や大学名、両親や配偶者の学歴、職種に関する設問が含まれている点が特徴である。したがって、世代間のモビリティ、本人の学力に関して多面的な分析を行うことが可能である。このうち、25歳〜59歳のサンプルのうち、脱落サンプルや無回答を除外した。

　はじめに、アンケートのデータについて説明を行いたい。従来、ネットアンケートでは、低年齢、高学歴、高所得者に偏る傾向があると指摘されてきた。そこで、「階層化する日本社会に関するアンケート調査」の個票データを他の集計データと比較して、サンプルのバイアスがどのぐらい生じているのかということを論じたい。表1-1がその結果である。

　この結果から50代以上が2割強である。総務省の国勢調査（平成12年）では、50代以上の人口の20歳以上の人口に占める割合は50.1％であり、かなり開きが

第1章 階層・学歴・収入

表1-1 アンケート調査の諸変数の分布について（男女別）

		男性	女性
年齢階級	２０歳代	22.38%	22.45%
	３０歳代	27.81%	27.98%
	４０歳代	29.15%	24.64%
	５０歳代以上	20.66%	24.93%
学歴	小中高校卒	55.63%	59.21%
	短大・高専卒	7.54%	19.79%
	大卒、大学院卒	36.83%	21.00%
年収	なし	5.21%	32.05%
	50万円未満	6.73%	15.06%
	50～100万円未満	5.80%	14.07%
	100～150万円未満	5.56%	8.54%
	150～250万円未満	10.38%	8.94%
	250～350万円未満	10.62%	9.14%
	350～450万円未満	12.96%	5.09%
	450～550万円未満	13.99%	2.96%
	550～650万円未満	9.50%	1.78%
	650～750万円未満	6.53%	1.14%
	750～850万円未満	3.90%	0.69%
	850～1,000万円未満	3.70%	0.30%
	1,000～1,200万円未満	3.27%	0.10%
	1,200～1,400万円未満	0.97%	0.00%
	1,400～1,600万円未満	0.44%	0.05%
	1,600～1,800万円未満	0.05%	0.05%
	1,800～2,000万円未満	0.15%	0.00%
	2,000万円以上	0.24%	0.05%
サンプルサイズ		2096	2062

出所）「階層化する日本社会に関するアンケート」(2006)
注）無回答者は除く

ある。つまり、先行研究で用いられたネット調査と同様の特徴となっている。そこで、中高年層の結果については留保が必要であると考える。学歴に関しては、男性の大卒以上が４割未満、女性の大卒以上が２割強であることから、高学歴にサンプルが極端に偏っているとはいえない。さらに、所得に関しても、「就業構造基本調査」などと比較して極端なバイアスはない[9]。

仮説の説明とモデル

このデータを用いて２つの仮説を検証する。第１の仮説は「親の階層が子ど

7

表1-2　記述統計量

	男性		女性	
	平均	標準偏差	平均	標準偏差
本人年収	4.802	3.276	1.469	2.056
有配偶者ダミー	0.593	0.491	0.791	0.407
年齢	40.340	8.724	41.054	9.455
15歳のときの主観的豊かさ	2.799	0.986	2.914	0.958
父親教育年数	12.042	2.799	12.237	2.863
母親教育年数	11.613	2.152	11.640	2.020
小学生のときの成績	3.797	1.098	3.864	1.013
本人教育年数	13.741	2.013	13.331	1.725
銘柄大学ダミー	0.073	0.260	0.026	0.160
サンプルサイズ	3780		4125	

もの学歴に影響を与え、子どもの学歴が将来収入に影響するという間接的効果だけでなく、親の階層が子どもの収入に直接影響する」という仮説である。

　ここで問題となるのは、階層をどのように定義するかという問題である。階層は、職業、収入、学歴などによって構成されるとされている。経済学的に問題になるのは収入である。ただし、自分の子どもの頃の親の収入については、ほとんどの人は答えるのは困難であると考えられる。さらに、どの時点の親の収入にて評価するかということや、時代環境によっても大きく異なる。そこで、親の収入に関しては、代理変数として「あなたが15歳の頃のあなたの世帯の収入は、当時の平均的な世帯と比べて、どうでしたか」という質問項目を用いる。もちろん、回顧形式の質問であるために観測誤差といった問題が生じることは十分に考えられる。理想的なのは、十分な期間のパネル調査により階層移動を分析することであるが、データの整備を含めて、今後の課題である。第2の仮説は「学歴によって所得が影響されるだけではなく、比較的初期の段階での能力が学歴に影響を与え、さらに能力自体がその後の収入にも影響する」である。この仮説を検証するために、「小学校のときの成績」を説明変数として用いたい。

　モデルは、被説明変数を本人収入とした収入関数をランダム効果モデルやトリートメント効果モデルにて推定する。これらの手法を使用する理由は以下の通りである。本章では階層や能力が子どもの学歴と子どもの収入の両方に与え

第1章 階層・学歴・収入

る可能性を考慮して、トリートメント効果モデルにて推定する。また、基本モデルとして、すべての変数を外生変数と考え、さらに観察されない個人特有の効果を考慮した、ランダム効果モデルを使用して分析を行った。トリートメント効果モデルの確率モデルは以下のようになる。

$$y_i = \beta x_i + \gamma z_i + u_i \qquad z_i^* > 0, \qquad then \quad z_i = 1$$
$$z_i^* = \delta W_i + \nu_i \qquad z_i^* \leq 0, \qquad then \quad z_i = 0$$
$$E\begin{pmatrix} u_i \\ \nu_i \end{pmatrix} = 0, \quad E\begin{pmatrix} u_i \\ \nu_i \end{pmatrix}(u_i \quad \nu_i) = \begin{pmatrix} \sigma_u^2 & \rho \\ \rho & 1 \end{pmatrix}$$

y_i は本モデルでは収入であり、z_i が大卒ダミーや銘柄大学ダミーである。誤差項同士の相関を許容することで、観察されない個人の要因などのために、学歴の収入に与える効果について過大評価することを防いでいる。

被説明変数は本人年収とし、年齢、性別、本人の学歴、「父親・母親の学歴」、に加え、先ほど述べた2つの仮説を検証するための変数を加える。

仮説1を検証するために、「15歳のときの主観的豊かさ」を説明変数に加える。「15歳のときの主観的豊かさ」については、「あなたが15歳の頃のあなたの世帯の収入は、当時の平均的な世帯と比べて、どうでしたか」の質問に「1.平均よりもかなり少ない、2.平均より少ない、3.ほぼ平均、4.平均よりも多い、5.平均よりもかなり多い」[10] の項目を使用する。このため、符号が正であれば、「15歳のとき豊かであったことが収入を高めている」という仮説を支持することができる。

仮説2の検証のために「小学5～6年生の頃――あなたは子どもの頃、算数は好きでしたか」という質問に対して、「1.非常に好き、2.まあまあ好き、3.どちらともいえない、4.あまり好きではない、5.嫌いだった」の質問を用いる。この変数の数値を逆にして、「5.非常に好き、4.まあまあ好き、3.どちらともいえない、2.あまり好きではない、1.嫌いだった」とする。仮説2が妥当であれば係数は正となると考えられる。

ここで1つの問題点が指摘されよう。それは「算数が好き」と「算数が得意」ないし「算数の学力が高い」は異なるのではないかという疑問である。厳密にいえば、両者は異なるが、ここではもし算数が好きであれば、算数をよく

9

勉強するのではないかと想定して、算数が得意になる可能性が高いと考える。さらに、算数が得意なら算数が好きになるという逆方向も成立する。したがって、「算数が好き」と「算数が得意」の相関度は高いと考えられる[11]。また、銘柄大学は大橋(1996)と同様に、旧七帝大（東京、京都、東北、九州、北海道、大阪、名古屋）と一橋大学、神戸大学、東京工業大学、早稲田大学、慶應大学とする。この分類方法は、島(1999b)の学校歴ダミー 2 としても用いられている。

現在の収入と小学生のときの算数の好感度・現在の収入と 15歳のときの主観的豊かさ

実証分析を行う前に、収入と算数の好感度、収入と15歳の主観的豊かさという 2 つの変数に注目して、単純な関係をみてみたい。図 1 - 2 は、算数の好感度と所得の関係を表している。

男性の場合、算数が嫌いだったとする人の平均年収は約400万円であるが、算数が非常に好きだったとする人の平均年収は500万円を越え、その差は100万円以上である。また、大体算数を好きであると感じるにつれて、年収が増加している傾向がわかる。女性に関しても、算数が嫌いだったとする人と非常に好きだったと感じる人では年収が50万円以上違い、好きになるにつれて年収が増加している傾向がわかる。また、図 1 - 3 は15歳のときの主観的豊かさと年収の関係を表したものである。

男性に関しては、15歳のときに豊かでないと感じている人は年収が500万円弱であるのに対して、豊かであったと感じている人は600万円を越える。特に、「平均よりもかなり多い」と感じている層はそれ以外の層と比較して、顕著に年収が高いことがわかる。一方、女性の場合、年収と15歳のときの主観的豊かさの関係について、単調な関係は観察されない。「平均よりもやや多い」とする層でもっとも年収が高くなり、「平均よりもかなり多い」とする層が、最も年収が高くなっているわけではない。おそらく、豊かであったと感じていた女性の多くは、親の所得や夫の所得に依存して就業を行っていない可能性が考えられる。

もっとも、これらは階層と収入、算数の好感度と収入といった 2 つの変数の

図1-2 算数の好感度と現在の収入の関係

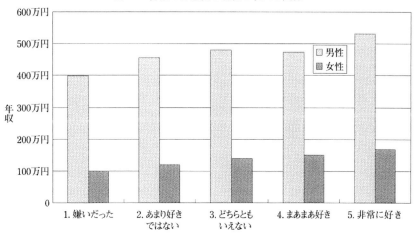

図1-3 15歳のときの主観的豊かさと現在の収入の関係

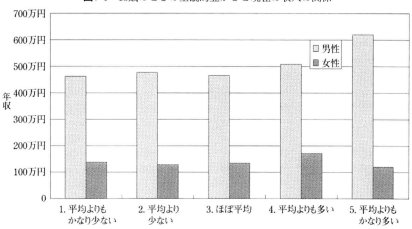

みに注目した考察であり、年齢や学歴といった個人の観察可能な属性やそれ以外の観察不可能な個人固有の要因をコントロールしていない。以下では、それらの要因をコントロールしたうえでも、同様の傾向が観察されるかを分析したい。

4　収入関数の推定

基本モデル

　本章の関心は、人々の収入を決定する要因が何かということである。はじめに、すべての説明変数を外生変数として、パネルデータにて推定を行った。その結果が表1-3である。Breusch-Pagan検定により、ランダム効果モデルが採択される[12]。

　はじめに男性についてみていきたい。年齢は正に有意で、年齢の2乗は負に有意であることから、年齢が高くなるにつれて収入は増加するが、増加の程度は小さくなる。教育年数は正に有意であることから、学歴が高いほど収入は高くなる。また、小学生のときの算数の好感度は正に有意であり、小学生のときの算数の好感度が高いと収入が高くなる。15歳のときの主観的豊かさは正に有意となり、15歳のときの階層が高いという認識を持っている人は、収入も高くなっている。この結果から、子どものときの階層が高いと高収入になる傾向がある。さらに、母親の教育年数は正に有意であることから、母親の学歴が高いと子どもの収入も高くなる傾向にある。一方、父親の学歴は有意とならない[13]。

　次に女性についてみていきたい。女性に関しても、多くの変数で男性と同じ傾向が確認される。しかし、15歳のときの主観的豊かさは正に有意でない。つまり、女性の場合、15歳のときの主観的豊かさと年収には関係があるとは言えない。さらに、小学生のときの算数の好感度が正に有意となった。

　表1-3（1）（2）では、学歴について教育年数のみを使用して分析を行った。しかしながら、大学進学率が高くなり2人に1人ぐらいは大学に進学するようになってきている現在において、教育の効果を大卒、高卒、中卒などによってのみ分析するのは不十分である。そこで、銘柄大学とそれ以外の大学にわけて、銘柄大学が収入に与える効果をみていきたい。その結果が、表1-3（3）（4）である。

　多くの符号条件や有意性は、表1-3（1）（2）と変化がなかったが、教育年数に関しては男性の場合では有意水準10％で正に有意であったものの、女性の場合は教育年数が有意でなくなる。つまり、女性の場合、銘柄大学でコント

第1章　階層・学歴・収入

表1-3　収入関数

	（1）男性	（2）女性	（3）男性	（4）女性
有配偶ダミー	1.677	-1.469	1.662	-1.463
	[0.136]**	[0.102]**	[0.137]**	[0.096]**
年齢	0.623	0.198	0.630	0.196
	[0.064]**	[0.042]**	[0.064]**	[0.040]**
年齢（2乗）	-0.007	-0.002	-0.007	-0.002
	[0.001]**	[0.000]**	[0.001]**	[0.000]**
本人教育年数	0.095	0.052	0.063	0.032
	[0.035]*	[0.026]*	[0.036]+	[0.026]
銘柄大学ダミー			1.158	1.285
			[0.294]**	[0.029]**
15歳のときの主観的豊かさ	0.245	0.031	0.249	0.030
	[0.079]**	[0.051]	[0.079]**	[0.051]
父親教育年数	-0.016	-0.007	-0.022	0.002
	[0.035]	[0.020]	[0.035]	[0.020]
母親教育年数	0.101	0.046	0.089	0.046
	[0.045]*	[0.028]+	[0.048]*	[0.028]+
小学生のときの算数好感度	0.206	0.135	0.184	0.123
	[0.061]**	[0.035]**	[0.061]**	[0.035]**
年次ダミー		yes		
Bruesch-Pagan 検定	1940.30**	2066.37**	2242.46**	2041.43**
サンプルサイズ	3780	4125	3780	4125

注）：有意水準：**1%　*5%　+10%

ロールすると、大卒と高卒などの学歴が収入に与える効果は存在しない。他の
データでも同様の結果が示されるかということが、今後の課題となる。

トリートメント効果モデルによる推定

　先ほどは、観察されない個人特有の効果をランダム効果モデルにてコントロ
ールした分析を行った。しかしながら、先ほども指摘したように、観察されな
い個人特有の効果が説明変数と相関している可能性もある。そこで、以下にお
いては親の階層や子どものときの算数の好感度が、学歴と所得に同時に影響す
ることを考慮して、トリートメント効果モデルにて推定を行った。トリートメ
ント効果にて推定した結果が表1-4に示されている。

　男性の場合は、以下のとおりである。はじめに大卒であるかどうかに対して、
親の階層や本人の小学生のときの算数の好感度がどのような影響を与えるかと
いうことをみていきたい。

13

表1-4　収入関数（トリートメント効果モデル）

		男性	女性
被説明変数：年収	有配偶ダミー	2.280	-1.947
		[0.105]**	[0.074]**
	年齢	0.524	0.254
		[0.048]**	[0.030]**
	年齢（2乗）	-0.006	-0.003
		[0.001]**	[0.000]**
	15歳のときの主観的豊かさ	0.179	-0.099
		[0.058]**	[0.046]*
	小学生のときの算数好感度	0.156	0.095
		[0.042]**	[0.026]**
	大卒ダミー	1.610	1.200
		[0.326]**	[0.192]**
被説明変数：大卒ダミー	15歳のときの主観的豊かさ	0.136	0.339
		[0.023]**	[0.024]**
	小学生のときの算数好感度	0.144	0.133
		[0.017]**	[0.016]**
	父親教育年数	0.070	0.093
		[0.010]**	[0.009]**
	母親教育年数	0.118	0.111
		[0.013]**	[0.012]**
年次ダミー		yes	yes
対数尤度		-11684.63	-10826.54
サンプルサイズ		3780	4125

注1）：有意水準：**1%　*5%　+10%
　2）：所得は100万円単位とする。

　15歳のときの主観的豊かさに関する意識は正に有意であり、両親の教育年数も有意である。また、小学生のときの算数の好感度は有意となる。

　つまり、男性の場合、本人が大卒であるかということに対して、両親の学歴、15歳のときの主観的豊かさ、小学校のときの算数の好感度といった要因が影響を与える。

　次に女性についてみていきたい。本章で注目する変数である、社会階層に関する変数や小学生のときの算数の好感度が大卒であるかどうかに影響を与えるのかについて論じたい。男性の場合と同様に、両親の学歴、15歳のときの階層意識、小学校のときの算数の好感度がいずれも正に有意となる。つまり、これらの要因が影響を与えることが示された。

　次に収入に与える要因についてみていきたい。男性の場合、年齢は正に有意、

年齢の２乗は負に有意である。また、大卒ダミーが正に有意である。この結果から図１‐１の②の経路による影響が存在することが確認された。また、15歳のときの主観的な豊かさが正に有意であることから、親の階層が子どもの所得に直接影響するという効果（図１‐１の③の効果）が観察された。さらに、小学生のときの算数の好感度は正に有意であることから、算数の好感度は学歴に影響するだけでなく、直接的に収入に影響を与える。

　女性に関しては、15歳のときの主観的な豊かさは負に有意となる。つまり、図１‐１の③の効果に関しては、階層の高さが収入を下げる要因となっている。一方で、小学生のときの算数の好感度は正に有意となった。つまり、女性の場合、他の条件を一定として考えると、階層の高さは、収入を低くする要因であるが、小学生のときに獲得した算数の好感度が学歴にも収入にも直接影響していると考えられる。

　これらをまとめると、以下のようになる。男性の場合は、小学生のころの算数の好感度や15歳のときの主観的な豊かさが本人の収入に直接的に影響する経路がある。一方で、女性の場合は15歳のときの主観的豊かさは学歴要因をコントロールすると、現在の収入を下げる要因となっている。さらに、女性の場合も算数の好感度は、学歴をコントロールしても収入に直接的に上昇させる効果が存在する。

5　階層の世代間移転からみる銘柄大学と収入の関係

　先ほどは親の階層や小学生のときの算数の好感度が、学歴を経由して収入に与える効果と、収入に直接与える効果を同時に考慮したモデルにて推定を行った。ただし、第４節でも示したように、学歴と収入の関係をみるときには、教育年数が収入に与える影響だけでなく、銘柄大学かどうかということも分析する必要がある。そこで、大卒かどうかではなく、銘柄大学であるかどうかということに関するトリートメント効果モデルを使い分析を行った。その結果が、表１‐５である。

　男性に関しては、以下のとおりである。はじめに銘柄大学かどうかに与える要因についてみてみたい。15歳のときの主観的豊かさは有意でない。また、小

表1-5　収入関数（トリートメント効果モデル）

		男性	女性
被説明変数：年収	有配偶ダミー	2.250	-1.939
		[0.104]**	[0.074]**
	年齢	0.253	0.236
		[0.048]**	[0.030]**
	年齢（2乗）	-0.005	-0.003
		[0.001]**	[0.000]**
	15歳のときの主観的豊かさ	0.285	0.056
		[0.049]**	[0.033]+
	小学生のときの算数好感度	0.193	0.127
		[0.040]**	[0.023]**
	大卒ダミー	0.190	0.086
		[0.101]+	[0.063]
	銘柄大学ダミー	1.444	1.886
		[0.460]**	[0.446]**
被説明変数：銘柄大学出身ダミー	15歳のときの主観的豊かさ	0.034	0.139
		[0.036]	[0.053]**
	小学生のときの算数好感度	0.234	0.302
		[0.030]**	[0.048]**
	父親教育年数	0.064	0.101
		[0.015]**	[0.019]**
	母親教育年数	0.092	0.028
		[0.019]**	[0.026]
年次ダミー		yes	yes
対数尤度		-10207.27	-8859.48
サンプルサイズ		3780	4125

注1）有意水準：**1%　*5%　+10%
　　2）所得は100万円単位とする。

学生のときの算数の好感度が高いと銘柄大学出身となる傾向にある。

　女性については、以下のとおりである。父親の教育年数は正に有意であるものの、母親の教育年数は有意でない。女性の場合、銘柄大学出身であるかどうかということに対して、父親の学歴の影響はあるが母親の学歴の影響があるとはいえない。15歳のときの主観的豊かさは正に有意である。この点は男性と異なる。そして、女性の小学生のときの算数の好感度は先ほどと同様に正に有意であることから、女性の場合も算数の好感度が高いと銘柄大学出身となる傾向である。

　収入に与える要因については以下の通りである。男性の場合、有配偶ダミー、年齢、学歴、15歳のときの主観的豊かさ、小学校のときの算数の好感度はいず

第1章　階層・学歴・収入

れも有意となった。この結果、男性の場合、図1‐1の①、②、③のいずれの経路も存在することが示された。女性の場合、男性と異なり、大卒ダミーが有意とならなかった。

　これらの結果から、以下のことが示された。男性、女性ともに、親の階層要因が子どもの収入を上昇させる効果が確認された。また、小学生のときの算数の好感度が収入を上昇させる要因となっている。

　第4節の結果と併せてみてみると、興味深い事実が示される。大卒ダミーに関しては、両親の学歴や15歳のときの主観的豊かさはいずれも正に有意であった。その一方で、銘柄大学に関しては、女性の場合は正に有意であるものの、男性の場合は15歳のときの主観的豊かさは有意とならない。この結果の解釈として、以下のように考えられる。

　大学に進学するかどうかという場合と、銘柄大学に進学するかという場合では異なった制約があると考えられる。親の経済力が低く、通常の大学に進学するかどうかの選択に直面するならば、大学進学を断念するが、銘柄大学に進学するかどうかの選択ならば、親も多少無理してでも子どもを銘柄大学に進学させるように努力することも考えられる。その他の解釈としては、銘柄大学の多くは国立大学であるため、授業料が低く、進学の制約が少ないとも考えられる。

6　本章で示したことと今後の課題

　本章では階層の親子間による継承と教育の関係を分析するために、階層の影響や算数好感度の影響について、2つの仮説に基づいて検証した。その結果、以下のことが示された。仮説1に関しては、従来は階層が子どもの学歴に反映して（図1‐1①の効果）、その結果、子どもの所得階層に影響する（図1‐1②の効果）ということは、多くの教育社会学者によって検証されたが、今回の結果では、そのような要因だけでなく階層が直接的に子どもの年収に影響（図1‐1③の効果）することが、男性に関しては示された。

　一方、女性サンプルでは階層が教育に与える効果は確認されたが、階層が収入にどのように影響するかについては明確ではない。さらに、男性の場合、大学に進学するかどうかということに対しては、15歳のときの主観的な豊かさが

17

影響するが、銘柄大学に進学するかどうかということに対しては、15歳のときの主観的な豊かさは影響しないことが示された。女性の場合は、15歳のときの主観的な豊かさが大学に進学するかどうかということだけでなく、銘柄大学に進学するかどうかということにも影響する。この結果は興味深いために、今後さらに検討していきたい。

また、小学生のときの算数好感度は当然学歴にも影響するが、それだけではなく卒業後の年収にも影響することが示された。そして、小中学生のときの算数好感度の高い女性は、直接年収を高くする効果も確認できた。ごく最近OECD(2006)が、日本の女子中学生の数学学力が男性中学生のそれよりも少しであるが高いという報告書を出した。この事実が真であるならば、数学に強い女性の収入はかなり高くなることが予想される。

今後の課題は、以下の点である。第1に、階層のいかなる要因が子どもの学歴や収入に影響するかを抽出することは今後の課題となる。階層間で家庭内教育に差異が見られることが考えられる。また、単に高学歴を得るための教育投資の差だけでなく、日常教育のなかに存在することも十分に考えられる。例えば、苅谷(2004)は学習時間を通じて努力の階層間の違い（＝インセンティブデバイド）が近年強まっていることを実証している。この結果は、階層差の拡大が地位の移転といった問題以前に将来の見通しの階層差があり、それが勉強などの行動に反映していることを意味する。

第2に、本章が分析したのは、3年間の収入と階層や小学生のときの算数の好感度の関係である。このため、親の階層と本人の現在の所得に関連性が見出されたが、この関連性の高さがどのように変化してきたのか、また今後どのように変化していくのかということについては分析できていない。これらについては、今後の課題としたい。

第3に、本章の分析では、教育年数が内生的であることを考慮して分析を行った。しかし、小学生のときの成績が親の階層などによって決定することも十分に考えられるために、今後は小学生のときの成績を、内生的に決定されるモデルによって推定する必要がある。

第4に、この結果がネットアンケートによる分析であることは注意を要する。今後は、様々なアンケート形式などを使用して追試を行う必要がある。そのた

第1章 階層・学歴・収入

めにも、長期間のパネル調査が整備される必要がある。これらが筆者らに課せられた今後の課題である。

註

1) 荒牧(2006)を参考にした。

2) 生まれつきの能力に関する論点は、非常にセンシティブな問題である。海外においても、知能指数と遺伝に関して論争が繰り広げられた。この論争は「ベル・カーブ論争」として知られるものである（参考 Herrenstein and Murray(1994)、Heckman(1995)）。

3) もっとも、比較的初期の段階の能力が生まれつきの能力と完全に一致するかについては議論があると考えられる。例えば、初期段階の家庭環境や教育方針などが影響していることも考えられる。本章では比較的初期の段階の能力が継続的な影響を与えているかを検証していることに注意を要したい。

4) 本書では算数の好感度を能力の代理変数として用いた。その理由は、以下の通りである。第1に、浦坂他(2002)では、数学と所得の関係を分析しており、先行研究との比較という観点を考慮した。第2に、OECDによる学習到達度調査（PISA）と国際教育到達度評価学会（IEA）による国際数学・理科教育動向調査（TIMSS）では、日本の理数系の学力低下が指摘されており、学力低下が所得に与える影響を考える際に有用であるためである。第3に、本書で用いた質問表には、一般的な学力と算数の好感度のみが存在しているが、一般的な学力では抽象的であると考えたためである。

5) 小塩・妹尾(2005)は教育の経済学の関する広範なサーベイを行っているが、そこにおいても、教育の経済学の実証研究は少ないことが指摘されている。

6) ヘッドスタート計画とは、「貧困に対する戦い」のスローガンの下、貧困層の子どもの勉強能力、社会的な技能、健康状態を改善するために1964年に始まった計画である。

7) ミンサー型の収入関数とは、賃金を教育年数や就業年数によって説明する、賃金決定に関する推定式である。賃金関数を推定するときに一般に用いられていて、説明力が高いとされている。ミンサー型の収入関数では、通常被説明変数として収入や賃金の対数値を用いるが、本章では対数値を用いていない。理由は、教育年数を外生変数と考えて推定した基本モデルにおいても教育年数が有意とならないためである。なお、対数値を用いても本章の仮説1、仮説2は支持される。

8) 本調査は、三菱総研とNTTレゾナントが運営するインターネットアンケート「gooリサーチ」を使用している。(2005年11月9日から11月22日において実施) なお、我々が委託した調査会社を利用して調査を行った先行研究としては、有田(2002)、吉田・水落(2005)がある。

9) 本章と同じデータを用いて分析した研究として、森(2007)、浦川・松浦(2007)が存在する。

10)「6.わからない」のサンプルを除外した。

11) 本章で用いたアンケートでは、算数の好感度のほかに、一般的な成績についても質問している。この項目を説明変数として用いても、本章で示した仮説に関して同様の結果が示された。

12) プーリング推定とランダム効果推定のどちらかのモデルを採択するかという検定方法である。なお、教育年数は時間一定の効果であるため、固定効果モデルは用いることができない。

13) 有配偶者ダミーの係数はかなり大きい。記述統計をみると、有配偶者男性の平均年収と無配偶男性の平均年収の差は、約270万円である。この理由については今後の課題としたい。

第 2 章

早稲田大学と慶應大学の名門度の上昇 *

1　はじめに

　本章の関心は私立大学である。私学の中では、早稲田大学と慶應義塾大学の地位が高まっている。戦前では帝大の後塵を拝していた早慶両校であったが、今や名門校として君臨するようになった。政界、経済界、文人、スポーツ、芸能界などのあらゆる分野で、有名人や重要な地位を占める人を輩出している両校の成功の秘密を探求するのがここでの目的である。両大学の教育方針の成功が、能力の高い学生を引きつけている。そこで注目するのは、なぜ早慶に能力を有し、努力を惜しまない学生が入学するのか、ということである。

　早慶卒業生のプレゼンスの向上を説明するのなら、競争校である国立名門校との比較が重要なので、そのことに注目する。どのような教育を受けているか、ということと関係がある。さらに、卒業生がどの職業、ないし分野に就いているかが関心の的となる。これらのことに注目しながら、早慶両校を様々な角度から評価してみたい。

2　戦前の早慶は並の学校だった

　戦前において超一流企業に入社した新入社員が、どれだけの初任給をもらっていたかを、学歴別に示した興味深いデータがある。出所は岩瀬（2006）からのものであり、表 2 - 1 がいくつかの代表的な企業の初任給である。

　この表を議論する前に強調しておきたいことがある。それは現代では、どの大学を卒業したかによって初任給に差を設けている企業はほとんどない、とい

うことである。少なくとも、大学卒の総合職であれば大学名による差をつけている企業はまずない。この表で印象的なことは、すべての企業において帝大卒の初任給がもっとも高いことである。それに加えて、商大（現・一橋大と神戸大）も三越呉服店を除いて帝大と同じ水準である。これら帝大、商大は官立大学であることはいうまでもないが、官立卒業生の優遇にはものすごいものがある。

　これを別の言葉で述べれば、早慶を含めた私立大学卒は帝大・商大よりも初任給が一段階低いことである。官学も私学も旧制大学である限り、同じ年数の教育を終了しているのであるが、両者に差をつけていたのは驚きである。さら

表2-1　戦前における超一流企業の学歴別初任給

三菱合資	帝大工　90円、帝大法　80円、商大　80円、商大専門部と早慶、神戸高商　各75円、 地方高等商業と中央、法政、明治　各65～70円、私大専門部　50～60円、中学程度　35円
三井物産	帝大、商大、神戸高商　80円、各私大　72円、地方高商　64円、　甲種商業40円 （三井系の場合、本給は帝大卒で50円、私大卒で45円としており、これに割増金を本給75円まで6割増、 75円以上を最高60円までといった調整を行って、上記の水準になるようにしていた。）
住友合資	帝大、商大　80円、　神戸高商、商大専門部　70円、早慶、三年制高等商業60円、甲種商業、中等程度　35円
安田保善社（安田財閥の持株会社）	帝大、商大　70円、私大　60円、私大専門部、官立専門部　50円、中等程度30円
古河合名	帝大　78円、私大　60～65円、専門学校　68円、中学程度　30～35円
日本郵船	帝大、商大　80円、商大専門部、神戸高商　70～75円、早慶、地方高商60～65円、その他の私大　50～55円
東京電灯（東京電力の前身）	帝大　75円、私大　55～60円、専門学校　60～70円、中等程度　35～55円、
三越呉服店	帝大　65円、商大60円、早慶　55円、その他の私大　50円、私大専門部　45円、甲種商業　日給1円50銭、中学　日給1円40銭
南満州鉄道	帝大　80円、私大　76～80円、専門学校　70～76円、中等程度　　日給
日本銀行	帝大　48円、私大　34～40円、専門学校　29～37円、中等程度　23～29円 （これに手当がつくので、実支給額は各1.9倍。つまり帝大で約90円、私大で最高76円になる。）

出所）岩瀬彰『「月給百円」サラリーマン』講談社現代文庫　2006年

第 2 章　早稲田大学と慶應大学の名門度の上昇

に、住友合資や日本郵船で代表されるように、商大専門部や神戸高商卒と私大卒が同じ初任給という不思議な現象もあった。高等商業学校は旧制大学よりも 3 年間修業年限が短いにもかかわらず、私大と同じ初任給というのは、学歴水準の高い者と低い者が同じ評価を受けているのである。

　なぜこのような官学優先、私学軽視の政策が戦前の日本ではびこったのであろうか。いくつかの理由がある。

　第 1 に、東大、京大といった旧制帝国大学は明治時代に日本の指導者となるような人を、国策として育て上げるために政府が作った学校なので、最初からエリート養成を目的としていた。その後東北、九州、北海道、大阪、名古屋、京城、台北の九校ができた。こういう大学の卒業生であるから、企業や社会もこれに応えるべく、初任給から私大卒と区別して優遇したのである。

　第 2 に、学生側からしても、優秀な学生は旧制高校から帝国大学に進学することを目標にすることがごく普通のことであった。旧制高校の入学試験が激烈であったことはよく知られていたが、旧制高校卒業生はほとんどの学生が帝大を中心にした旧制大学に進学できた。一方旧制高校に進学できなかった学生が、私大の予科や専門部に進学していたので、学力で評価した優秀さが官学と私学の間に存在することが認知されていた。

　第 3 に、現代の企業では「総合職」と「一般職」の違いがあるが、戦前においても帝大出と私大出の間にこれに似た処遇の差があった。現代では将来の幹部にならない「一般職」のほとんどが女性であるが、戦前では帝大出が将来の中枢幹部候補生とみなされ、私大は中堅までの昇進とみなされていたともいえる。その証拠として、昇進のスピードが早かったのは帝大出や商大出であったし、名門大企業の重役、社長などのほとんどがその人達で占められていたのが、戦前の日本であった。

　帝大出と私大出は歴然と区別されていた日本の学歴社会であったが、日本郵船や三越呉服店で示されるように、私大の中にあっても早慶卒は他の私大卒よりも初任給が高かった。早慶卒が他の私大卒よりも一段高い評価であったことを強調しておこう。早稲田と慶應は私大の中では戦前において高い地位を占めていたのであり、この伝統は戦後の一時期以降にますます開花することの土壌となっているのである。

23

ではなぜ帝大優先の時期にあっても、戦前において早慶が私大の中で特殊な地位を占めていたのであろうか。様々な理由が考えられる。第1に、福沢諭吉がほぼ150年前に慶應義塾の前身である蘭学塾を創立し、大隈重信がほぼ125年前に早稲田の前身である東京専門学校を創立しており、早慶は最古参の学校として既に有為な人材を世に送り出していた。

　第2に、一部の企業において慶應の卒業生が経営者や幹部として活躍するようになり、経済界に人を輩出する慶應という名を世に示すようになった。例えば、三井の中上川彦次郎、三菱の荘田平五郎、電力の松永安左エ門、製紙の藤原銀次郎、などが有名である。「慶應であらずんば人にあらず」とまでいわれる企業も登場するほどであった。例えば、三井銀行、鐘淵紡績、三越などであった。企業福祉の創設者といってよい鐘紡の武藤山治は特筆すべきである。経済界の慶應という名は戦後においても引き継がれる。

　ここで早慶の卒業生がなぜ政治や経済の世界で人材を輩出したかを議論しておく必要がある。既に述べたように、戦前の日本は帝大を中心にした官学出がエリートであった。東大を筆頭にした官学は官僚養成を大きな目的としていたので、東大などの卒業生の多くは官僚となる傾向が強かった。もう1つの分野は裁判官、検事などの司法の世界に進む者がいた。帝大卒業生のさらに重要な人材供給先として、学者、研究者と教師を忘れてならない。勉強好きの帝大生のうち、学問の道に進む者が多くいたことは自然なことだし、大学以外での教師を目指す人も少なからず存在していた。

　官界、司法界、学界に進む帝大生の多かったことを逆に解釈すれば、実業界に進出する者はそう多くなかった、ということになる。早稲田は昔からマスコミ関係に強かったし、地方政界に多く人を供出していた。特に慶應の卒業生は官界などに進出する気はほとんどなく、優秀な人の多くが実業界に進出した結果が、多くの経営者を生んだ1つの理由である。官界などにあまり進まなかった東京と神戸の商大（現・一橋大と神戸大）の卒業生にもそのことはあてはまるのである。

3 戦後から1979年まで

　旧制帝大が新制の国立大学となり、商大・工大もそれぞれが一橋大、神戸大、東京工大となり、戦後の学制改革がスタートした。旧制高校、旧高商、旧高工、旧師範学校もそれぞれが総合大学の一部として大学に昇格した。私立大学においても、旧制大学、旧専門部、旧制高校などが総合大学として新しくスタートした。戦後の大学教育改革はこのように様々な昇格・統合を重ねた結果として、新しい姿として新制大学がスタートしたのであった。

　戦後の大学体制の変化をまとめれば次のように要約できよう。

(1)国立大学がすべての県に少なくとも１校が設立された。

(2)受験の機会を２度与えるために、国公立大学の入学試験期日を２つに区分して、一期校と二期校とされた。一期校が難関校、二期校がそうでない大学という評価が定着した。ちなみに、旧帝大などはすべて一期校となった。

(3)かなりの数の女子大学が存在したが、大学は原則として男女共学制となった。

(4)国公立大学と私立大学の財政基盤に関していえば、前者は大半を公費で賄い、授業料の貢献は低く、後者は自校の基金と多額の授業料で賄っていた。

　他にも新制大学の特徴はいくつもあるが、ここでは早慶を評価するに際して有用な点だけを抽出している。新制大学の誕生は早慶両校にどのような影響を与えたのであろうか。一番の影響は旧制高校と旧帝大の改廃にある。戦前においては早慶は帝大の後塵を拝していたと述べたが、旧制高校と旧帝大が新制大学へと改組されたことにより、いわゆる早慶を含めたレベルの高い大学の地位を変化させたことがある。

　もっともわかりやすい例は、旧制高校の中でもいわゆるナンバー・スクール（第一高等学校から第八高等学校まで）と呼ばれたエリート校が、新制大学に組

入れられたことで示される。一高は東大へ、二高は東北大へ、三高は京大、八高は名古屋大へという旧帝大に組入れられたので、エリート校の地位を確保できたが、四高は金沢大へ、五高は熊本大へ、六高は岡山大へ、七高は鹿児島大に組入れられたので、その地位がやや低下した。戦前では旧制高校、特にナンバー・スクールと呼ばれた一高から八高までの学校を目指した優秀な学生が、旧制高校が改廃されたので旧帝大を目指すようになったのである。しかも、これらの大学はすべて一期校である。

北の北大から西の九大まで、地域を代表するこれら7校の旧帝大では、地元の秀才がまず進学を目指すようになったのである。その中でも特に優秀な高校生は東大や京大を目指したのであった。1979年までこの伝統が続くが、1979年に2つの大きな変革が起きた。それは共通一次試験の導入と、一期校・二期校制の廃止である。この2つの変革は後に論じることとして、その前にこの時期までを特徴づける事柄を述べておく必要がある。

それは国公立大学と私立大学の学費の違いである。表2-2は国立大学と私立大学の学費の変化を、戦後から現在までにわたって示したものである。高度

表2-2　戦後の大学における初年度納付金

年度	国立大学の初年度学生納付金			私立大学の初年度学生納付金			
	入学料(円)	授業料(円)	総額(円)	入学料	施設・設備費	授業料	総額
1949	200	1,800	2,000				
1954	400	6,000	6,400				
1959	1,000	9,000	10,000			28,641	61,784
1964	1,500	12,000	13,500			61,746	148,580
1969	4,000	12,000	16,000			84,048	221,874
1974	12,000	36,000	48,000				283,549
1979	80,000	144,000	224,000	175,999	147,440	325,198	648,637
1984	120,000	252,000	372,000	225,820	201,385	451,722	878,927
1989	185,400	339,600	525,000	256,600	207,932	570,584	1,035,116
1994	260,000	411,600	671,600	280,892	183,725	708,847	1,173,464
1999	275,000	478,800	753,800	290,815	198,982	783,298	1,273,095
2004	282,000	520,800	802,800	279,974	204,448	817,952	1,302,194

出所）福地誠『教育格差絶望社会』洋泉社　2006年

第2章　早稲田大学と慶應大学の名門度の上昇

成長期の1960年では、国立大学の入学料が1,000円、授業料は9,000円であるの
に対して、私立大学の入学料が39,152円、授業料は31,773円である。授業料で
比較すると、私学は国立の約3.5倍であった。それが1970年になると、国立の
授業料が12,000円、私立が85,666円となり、格差は約7.1倍に拡大した。戦後
の20〜30年間、国立大の学費は私立大の学費よりもかなり低かったのである。

　これだけ大きな学費の格差があれば、大学に進学する学生の志望に与える影
響力は大きい。具体的にいえば、多くの学生が国公立大学を第1志望とし、私
学を第2志望としたことである。旧帝大や一橋大、東工大を中心にした一期校
を第1志望とすることは自然なことであるが、第2志望も二期校の大学を志望
する学生が多かったのである。早慶のような名門私立大学が存在することはわ
かっているが、学費のことを配慮すれば二期校を選択する学生も少なからずい
たのである。

　それは当時の家計所得の水準から説明できることである。高度成長期を経て
豊かな日本になりつつあったが、家計所得に関していえば、まだまだすべての
家庭で余裕があったとはいえず、多くの家庭が国公立大学を選択せざるをえな
かったのである。「貧乏人の子弟は国立大学へ」という相言葉が当時流布して
いたことが象徴している。

　しかし、いつの時代でも家計に余裕のある家庭も存在していたので、一期校
に不合格なら二期校を目指さず、私学の名門校に進学した学生も少なからずい
た。もう少し具体的に言えば、東大・京大・一橋大・東工大などの受験に失敗
すれば、二期校には目もくれず早慶を目指す学生が多勢出現するようになった。
このことは関西での同志社、関西学院にもあてはまる。1979年までの早慶を特
徴づければ、国立の難関校を不合格になった学生が早慶に殺到していたのであ
る。もとより、最初から国立を目指さず、早慶を第1志望としていた学生もか
なりの数存在していたのも事実である。早慶は国立失敗組と早慶を第1志望組
が混在していた、と結論づけられるべきである。

　ここで、なぜ早慶の人気が上昇したかを簡単にまとめておこう。1979年以降、
その人気はますます上昇するが、ここではそれ以前に人気の上昇が既にみられ
ていたことに関して、いわばその人気上昇の前兆をまとめておくのがここでの
作業である。

27

第1に、1973年のオイル・ショックまでの高度成長期によって、国民の平均所得が増加し、子弟を私立大学に進学させられるだけの所得を確保できる家計の数が増加した。

第2に、第1のことと関係するが、地方から東京の大学に子弟を進学させることが可能となった。このことは特に地方で人気の高い早稲田大学への進学を可能にしたといえる。同時に日本社会が東京集中を経験するようになり、東京進学は若い人にとって憧れともなったことが背後にある。

第3に、東京近辺に在住の受験生にとって、早慶の両大学の魅力が高まった。特に経済界に強く、しかもブランド力を高めている慶應の魅力が高まった。東大か一橋大が無理なら、東京を離れて地方の大学に行くよりも、早慶への進学を希望するのが自然となった。旧制高校の多くは地方にあったので、東京育ちの若者も戦前は進んで地方に行ったが、旧制高校がなくなり、そういう時代でなくなったのである。

第4に、国立大学の入試は5教科7科目を課す大学が多かったが、私立大学のほとんどは3科目型が多かった。国立の重い負担を嫌って、私学の軽い負担を好むようになり、私学を第1希望にする学生が増加した。これは一部の学力優秀な受験生の中にもみられたことで、早慶両校がその象徴となった。

4　1979年以降の早慶人気の沸騰

1979年という年に、突然早慶人気が沸騰したのではない。既に述べたように、早慶人気はそれ以前から徐々に上昇していた。ただし、1979年に大学入試制度に大きな変革があり、この変革がこれまでの人気の上昇に拍車を大いにかけたといった方が正しい。その変革とは、既に言及した共通一次試験制度（現：センター試験）の導入と、国公立大学の一期校・二期校制の廃止である。

大学入試制度の変革

共通一次試験制度の導入は、入学試験の問題に奇問・難問が多くて受験戦争を煽っていたり、高校教育を破壊していたとの認識が高まったため進んだ。それは各大学が個別に入試問題を出題していることに原因があるとされ、専門家

第 2 章　早稲田大学と慶應大学の名門度の上昇

が周到に準備して作成した問題を、国公立大学の志願者全員に受験してもらう
制度にした。共通一次試験の結果だけで合格者を決定してもよいが、多くの大
学はそれを足切りのために用いて、後に各大学が個別に二次試験を課した。確
かに共通一次の試験は良問が多くなったが、別の副作用として国公立大学の序
列化が、偏差値という名で象徴されるように鮮明となった。

　大学の序列化は学力という 1 つの偏差値だけによって大学が評価されること
を意味しており、国民に大学の優劣を広く認知させることとなった。偏差値の
高い大学、低い大学という言葉が日常で用いられるようになった。大学は研
究・教育を行う場所なので、学力が指標として用いられるのは悪いことではな
いが、学力以外で評価される大学の個性ということがさほど顧みられなくなっ
た。このような国公立大学の序列化と没個性化は、個性を生かすことの可能な
私立大学の地位を高めることに貢献した。なぜなら、序列化の波から逃れられ
るメリットがあるし、大学の個性をますます強化することが可能だからである。
私立大学は自分の大学の優れた点を世に知らしめることが可能となった。その
代表が早慶の両校となった。どこが優れているかは後に述べる。

　共通一次試験は主として国公立大学用なので、5 教科 7 科目が課せられたの
であり、一部の受験生にとってかなりの負担となった。受験勉強をする学生に
とって、7 科目を準備するのか、それとも 3 科目の準備だけでよいのか、その
差はかなり大きいことは明白である。それは、心理的な負担のみならず、どれ
だけ特定の科目を深く準備できるかということと関係するからである。これは
なるべく早い段階で国公立型か、それとも私立型の選択を高校生に迫ることに
なるし、現に高校生は自分の特性に合わせてそれを早い段階で選択したのであ
る。これも私立の人気上昇に寄与したのである。学力の高い層で早慶を第 1 志
望とするようになったのである。

　余談であるが、この現象は受験界に微妙な変化をもたらした。早い段階で私
立型を選択した高校生は、他の科目を無視して 3 科目を徹底的に勉強できるの
で、それらの科目に相当強くなれる。一方、国公立型を選択した高校生は、5
教科 7 科目をまんべんなく勉強せねばならず、どうしても広く浅くならざるを
えない。これの意味するところは、国公立に合格する者の中で、私立に不合格
の者が出てくる可能性である。象徴的にいえば、東大に合格しても早慶に不合

29

格というケースがそれである。

　1979年の変革のもう1つは、国公立大学の一期校・二期校制度の廃止であった。従来は一期校の受験に失敗した者が、二期校を受験する機会があったがそれがなくなったので、学力の高い層がもし一期校がダメなら、私学を第2希望とするように仕向ける効果があった。特に、早慶が第2希望の人であっても、かなり学力の高い層にとって魅力のある大学となったのである。

　1979年以前から早慶への人気は高まっていたが、1979年の国公立大学の入試制度の変革は、ここでいくつか述べたようにその人気度をますます高めることに貢献した。1979年以前に早慶人気の高まりを説明した理由が、1979年の変革によってダメ押しされたし、人気沸騰の起爆剤となったのである。

　ここで述べた以外にも、早慶の人気が沸騰し、優秀な学生を集めるようになった理由はいくつかある。それをここで論じておこう。これらの理由は、早慶両大学の魅力を語ることにもつながる。それらは早慶そのものの変化に依存することだけではなく、社会の変化にも影響を受けている。例えば、東京集中化現象、少子化日本、格差社会、といったようなことである。これらに関しても言及してみたい。

国公立と私立の学費差が縮小した

　表2-2をもう一度検討してみよう。1960年に私学は国公立の3.5倍の学費を徴収し、70年には7.1倍であった。その後、国公立と私学の学費は数年に1度上げられる時代となったが、国公立の上げ幅が私学のそれを上まわっていることに注目する必要がある。80年では国立の授業料が18万円であるのに対して、私学は325,156円である。倍率で1.8倍であり、70年と比較して10年間に7.1倍から急激な格差の縮小である。

　1990年になると、国立の授業料が339,600円であったのに対して、私学は615,486円であり、80年の1.8倍とほぼ変わらずである。2000年になると、国立が478,800円であったのに対して、私学は789,659円であり、倍率は1.6倍となっており、格差はまたやや縮小した。最近時点では国立520,800円、私学817,952円となっており、倍率は約1.6倍である。

　以上、国立と私立の学費差を歴史的な変遷から評価すると、次のようなこと

がいえる。1970年に至るまで学費差はかなりあったが、70年代に入ると学費差は急激に縮小した。80年代以降は私学の学費が1.8倍前後で推移し、現在ではそれがやや低下して1.6倍前後である。国立の学費の伸び率が、私学のそれを上まわったことを確認できるのである。

　なぜ学費差が縮小したのか、次の3つの大きな理由がある。第1に、1970年代に私立大学の財政危機が顕在化したことにより、国費を投じて私学を救済する手段が、1976年から採用された。この私学助成金により、私立大学の財政の大半が学生負担に依存してきた姿を変更することができた。その後も私学助成金が増額されたので、私学が学費の値上げ幅を抑制させえたのである。

　第2に、国公立大学の学費が安過ぎる、という批判が高まった。「貧乏人の子弟は国公立大へ」の言葉で代表されるように、学費の安い国公立大学は教育の機会平等策に貢献したが、私立大学の学費と比較すれば安過ぎると認識されるようになった。国公立の学生もそれなりの自己負担をすべし、との声が高まったのである。

　第3に、1965年に政府が国債を発行するようになり、それ以降財政赤字の額が大きくなってきた。政府が公共支出額をできるだけ押えようとしたことは確実である。さらに、産業界に貢献する人材を育成すべく、理工系を中心にして国立大学の規模が拡大傾向にあったが、その負担の一部を学生にしてもらうべし、との雰囲気が政府内にもあった。

　このような理由から、国公立大学の学費はかなりのピッチで増額されたが、一方私立大学の学費の伸びはそれほどでもなかったので、国公立と私立の学費差はかなり小さくなった。この事実は受験生にとって大学進学先の決定において、学費という条件が大きな考慮の対象でなくなったことを意味する。もとより、まだ学費差は存在するので、家庭の経済力の弱い受験生はまだ国公立の志向が強かった。ここでの主張は、以前のように格差がありすぎれば、国公立志向には強いものがあったが、それが弱くなったと理解すべきである。国公立と私学が学費の点でやや無差別に近くなったということである。

　この事実は私立大学を希望する者にとって好都合であるし、私立大学は志願者の増加、それに優秀な学生の確保につながることである。とりわけ、私学の中の名門校、特に早慶両校にとって多くの志願者を引きつける要因となったこ

とは確実である。

　ところで、国公立と私学の間の学費差は小さくなったが、絶対額でみれば現在のように国公立大学が52万円、私立大学が82万円の授業料であれば、家計にとって相当な負担と言わざるをえない。これに入学料やその他の学費、それに生活費等を加味すれば、1人の子どもを大学に進学させるのに相当な覚悟がいる。特に子どもが親の居住地を離れれば、子どもの住居費も別にかかるし、それが東京であればなおさら高い生活負担がふりかかる。

　これだけ高い学費・生活費負担であれば、貧乏人の子弟は大学進学が困難になる場合が多くなる。もし経済的な理由によって大学進学が不可能になるなら、教育の機会均等という大切な原則に反することになる。

東京集中の効果と若者にとっての東京の魅力

　高度成長期に日本は未曾有の地域間労働を経験した。大都会で多くある就業機会を求めて、地方から若者を中心にして移動が大規模に行われた。"集団就職"という言葉を今の若い人は知らないかもしれないが、多くの若者が地方から東京、大阪、名古屋へと学校卒業後に働くために移住した。日本の経済活動は都市に集中したのである。特に東京集中は経済のみならず、政治、学問、文化、スポーツなどのあらゆる分野で進行し、東京一極集中といっても過言ではない時代を、高度成長期以降に迎えることとなった。

　この東京一極集中現象が若者に東京に行きたい、という希望を与えることとなった。多くの若者が東京にいるし、街はにぎやかだし、文化・スポーツ活動も盛んだし、とにかく魅力に満ちた東京に一度は住んでみたい、と若者が希望を持つのは自然なことである。この夢を満たす1つの方法は、地方から東京の大学に進学することである。さらに、東京には質の高い、かつ有名な大学が多くあるので、東京進学を考える若者が増加したのである。東京の大学を卒業後、東京で就職するのか、それとも地元に戻るのか、という選択に迫られる。卒業後どうするかを決めねばならないが、とりあえずは東京の大学に進学を、という希望を抱いたのである。

　その目標の1つが早稲田大学である。早稲田大学は昔から地方の若者にとって憧れであった。政治家、文人、ジャーナリスト、などの分野で活躍している

卒業生が多かったし、晴雲の志をもって地方から早稲田に進学した学生の数が多かったことはよく知られていた事実であった。"野人の早稲田マン"になるため、地方から上京して早稲田に入学することは自然な夢だったのである。くしくも東京一極集中の時代だったので、地方から早稲田を目指す雰囲気がいやが上にも高まったのである。慶應を目指す学生もいたが、どちらかといえば慶應はシティ・ボーイ（都会の若者）が希望するとのイメージがあり、地方ボーイは早稲田に憧れたのである。

2世・3世の時代へ

東京が政治、経済、文化、スポーツ、あらゆる分野において日本の一大中心地になったということは、各界で活躍する人物が東京に集まったことを意味する。それらの指導者は、政治家、経済人、学者、文人、芸能人、スポーツ関係、等々、あらゆる分野で活躍する人々から成っていた。政治家がなぜ東京か、ということを説明しておく必要がある。

国会議員はそれぞれの地元区で選出されるのであるが、活動の場が東京なので家族ともども東京に住む場合が圧倒的に多いので、政治家の一大中心地は東京なのである。経済人に関しても、多くの企業の本社が東京にあるので、企業の幹部が東京に住むことも普通であった。その他の分野においても活躍する多くの人が東京に住んだのである。

ここで注目するのは、それら活躍する人々の子弟のことである。どの子どもも学校教育を受けるのであるが、どこの学校を選択するかということが重要である。様々な分野で活躍する人々なので、比較的所得の高い人が多く、かつ指導者層でもあるので、自分の子どもをどこの学校に入学させるかということに関心が高い。これらの子どもはいわゆる2世や3世と呼ばれる世代である。政治家2世・3世、経済人、学者・医者、芸能人の2世・3世がどのような学校に進学するかがここでの注目である。

優秀な子どもが入学する学校、さらに上流階級の子弟の集まる学校、というのをそれらの人が希望するのは不思議な現象ではない。繰り返しになるが、親は所得が高いので学費の高い学校に子弟を送ることができるし、教育水準の高い親の層が多いので、できるだけ質の高い子弟の集まる学校を希望するのであ

る。

　学校にもいろいろな学校がある。小学校、中学校、高校、大学と区分されているが、小学校に注目すれば慶應幼稚舎が超有名な学校として皆の知るところである。他にも青山、学習院、成城、成蹊といった私立の小学校が有名であるが、ここでは早慶が主要関心事なので慶應幼稚舎を代表させる。いわゆる"お受験"として小学校入試を突破することを願う親の層がいるが、なぜ慶應幼稚舎に殺到するかといえば、次の4つの理由がある。第1章で分析したことを、ここでは慶應幼稚舎に即して述べていく。

　第1に、かなりの名門校となっている慶應義塾大学に進学できる可能性が高い。学業成績の良悪によって、中学校、高校、さらに大学のどの学部に進学するのか、思い通りに進めないこともあるが、この半自動的な経路に乗って、上の慶應大学に進学できることのメリットは大きい。中学、高校、それに大学の段階において、厳しい受験戦争を避けることを希望する親子にとって、小学校からの入学は魅力となる。

　第2に、幼稚舎への入学試験は子どもの年齢が非常に若いので、学力の認定がまだできない。中学や大学の入試であれば、特に大学においては子どもの学力はかなり明確にわかる。もしできの悪い子どもであれば、慶應大学の入試に失敗するかもしれないが、幼稚舎の試験では学力以外の要因でも入学者の決定がなされる余地がある。どうしても慶應大学に入学させたい親は、幼稚舎からの入学を目指す方が学力がまだ未知だけに、安全で確実ではないかと考えるのではないだろうか。慶應幼稚舎の選抜方法は、親の資質や経済状況、子どもしつけの状況なども加味されているので、子どもの学力以外のことも考慮の対象となっている。

　第3に、慶應幼稚舎に入学する子どもは良家の子女が多いので、いわゆる校内暴力、いじめ、非行などの問題が他の学校と比較して少ないだろうから、子どもを安心して入学させることができる。さらに、学費の高いこともあって質の高い教育に期待できるので、これも魅力となる。

　第4に、上流家庭、ないし指導者層の子弟が集まるので、子どもも将来において社会で活躍しそうな子どもが多いと想像できる。しかも、教育に熱心な家庭の子どもが多いので、お互に切磋琢磨することも多いだろうと期待できる。

第2章　早稲田大学と慶應大学の名門度の上昇

そのような学友、同級生と一緒に学ぶことができれば、社会に出てからも人脈として有益になることが多いだろうと期待できる。まして、小学校のみならず、中学校、高校、大学と同時に進学すれば、友だち付き合いや人脈も堅固なものとなる。慶應義塾大学では、幼稚舎上がりの学生はよく一緒につるんでいる、ということを聞くことがあるが、これがそれを物語っている。

　以上は慶應幼稚舎を例にしたが、慶應普通部(中学校)や慶應高校からの入学においても、ここで述べた4つの特色が大なり小なりあてはまるので、慶應の中学や高校への入学希望者の数は多いのである。従って、入学試験も相当に厳しい状況になっている。早稲田大学にも系列校は存在しているが、慶應の方が一貫教育の程度が強いので、ここでは慶應だけを述べてみた。

　ここで関心のあるのは、大学から慶應に進学する学生のことである。系列校からの進学生は、途中で他の学校に転校、入学することも可能であったが、慶應大学を選択したのであるから慶應に満足しているだろうし、慶應を愛する気持も強いと思われる。大学から慶應に進学する学生には次の2つの種類がある。1つは、受験科目を最初から3科目に限定して、慶應(ないし早稲田)を第1志望にしている学生である。他方は、東大などの国立名門校の入試に失敗して、第2希望として入学した学生である。

　ここで強調したいことは、前者のグループに属する学生に、いわゆる2世・3世と言われる人が少なからずいることである。必ずしも慶應高校からの進学ではないが、慶應大学の入学を第1志望として熱望する学生には、慶應幼稚舎などで述べた特色が、そのままあてはまる程度が高いのである。育ちが良いので、ものすごく勉強して東大などの国立名門校を目指すことに関心がないか、目指すことに意義を感じない人々である。当然のことながら、2世・3世でなくとも、早慶を第1希望にする人々も多くいる。さらに、後者に属するグループであっても、入学時は多少不本意であったとしても在学中に慶應の雰囲気になじむし、卒業後は慶應を愛する人が多い、ということがいえるのである。

　ここで興味のある話題は、慶應大学の入学生のうち、内部進学者と外部進学者の間で、学力差や勉強意欲に差があるのか、という点である。慶應大学の先生方の話によると、内部進学者は二極分解するとのことである。半自動的に内部進学すれば、受験戦争の荒波から無縁の世界にいるので、学力への意欲の低

35

い学生が出ることは自然である。さらに、必ずしも学力だけで選抜されなかった幼稚舎上りの学生は、能力そのものが不足しているケースもあるだろう。一方、受験戦争の悪弊にのみこまれないことが幸いして、真に学問に強い関心を抱く優秀な学生も内部進学者にいると予想できる。一方学部からの進学者に関しては、慶應のみならず他の大学にあてはまることであるが、学力や勉強意欲は多様に分散しているとみなせる。

　2世・3世の話題に戻ろう。2世・3世を語るときにもっともわかりやすいのは、政治家、特に国会議員である。ここに2世・3世議員を象徴するデータがある。増田（2007）によると、慶應2世・3世議員は44人とダントツのトップである。ちなみに、第2位は東大の34人、第3位は早稲田の20人である。2世・3世の慶應好みを反映している証拠となりうるが、東大の34人も捨てたものではない。政治家の子弟であっても勉強意欲の高い人がいることを示しているのである。その代表例は、よく知られているように鳩山一家であり、5代続けて東大出というのはある意味で見事である。

　もっとも興味深いのは早稲田の2世・3世が意外と少ないことである。国会議員を学歴別にみると、2007年7月の参議院選挙の前で早稲田が91人でダントツのトップであり、次いで慶應の74人である。慶應の2世・3世率は58%の驚異的な高さであるのに対して、早稲田の2世・3世率は22%の低さである。早稲田大学は地方から晴雲の志をもって進学する学生が多いと述べたが、正に地方から国会議員を目指すのが早大生なのである。いずれにせよ、早慶出身の政治家を比較すれば、2世・3世率の大きな差は正に早慶の特色の違いを如実に物語っていて興味深い。

　政治家以外の分野、例えば経営者、医者、芸能人など多様な分野において、2世・3世が多く存在する時代になっている。世の中は格差社会に入った、あるいは階層固定化の時代に入ったとされるが、これらの諸分野で活躍する人に関して、早慶、特に慶應大学がその象徴となっているのである。これら各種の分野でどれだけの2世・3世が存在するかを調査することは容易なことではない。ここでは上層階級の代表である政治家だけを取り上げて、慶應が現代日本の格差社会ないし階層社会を象徴する学校となっていることを示してみた。格差社会に関しては、例えば橘木（2006）参照。

就職に有利、昇進に成功

ほとんどの大学生は卒業後に仕事に就く。職業人になるのであるが、自営業に就く人、企業に就職する人、公務員になる人、様々な進路がある。もしある大学の卒業生の多くが、多くの人の希望する職種や企業に就職していることがわかれば、多くの高校生がその大学への進学を希望するのは当然である。自分もその道を歩むことができるだろう、と予想するからである。この予想を満たす代表的な大学が早稲田と慶應なのである。

ここでは企業に就職する人に焦点をあてて、早慶の卒業生が実業界でいかに成功し、かつ恵まれた就職先についているかを確認しておこう。官界、学界、司法界、医学界など、世の中には様々な職業があるが、早慶の特色の１つとして実業界での活躍振りが目立つので、実業界に注目してみよう。

企業人となったからには、出世の花道は企業内での昇進である。昇進の頂点が社長（あるいは代表取締役）なので、まずは社長になる人の学歴に注目してみよう。表２‐３は上場企業3940社の社長の出身大学を示したものである。日本の大企業における社長の学歴といってよい。

この表によると、トップが303人の慶應大学、２位が179人の東京大学、３位が早稲田大学の173人であり、４位の日本大学の96人よりはるかに多い人数の社長を、上位３大学は輩出している。早慶と東大が実に17％弱の社長を生んでいるので、大学の数は日本に何百とある中でこの３大学の突出振りが目立つのである。本章の関心である早慶両校が、トップ３のうち２つを占めているということは、この両校が実業界を支配しつつあるといっても過言ではない。

実業界のトップではなく、次は取締役である役員に注目してみよう。会社のトップである社長はその会社で唯一の人物であるが、役員はその会社で数人から十数人いるので、当然その数は多い。社長は数多くの実力を示した候補者の中からのたった一人なので、運によって決まる側面もあるのに対して、役員はビジネスの分野で高い業績を上げた実力者とみなせるので、実業界における人材の評価としてより客観性は高い。

表２‐４は上場企業3940社における役員を，大学別に示したものである。慶應が1,711人のトップであり、次いで２位は早稲田の1,405人、３位は東大の1,161人である。社長の場合と異なって、早稲田が東大を上まわっていること

表2-3	社長になりやすい 大学ベスト30		表2-4	役員になりやすい 大学ベスト10	

順位	大学名	人数
1	慶應義塾大学	303
2	東京大学	179
3	早稲田大学	173
4	日本大学	96
5	京都大学	74
6	中央大学	70
7	同志社大学	60
8	明治大学	52
9	一橋大学	45
10	関西大学	43
10	大阪大学	43

出所）『プレジデント』2007年10月15日号

順位	大学名	人数
1	慶應義塾大学	1,711
2	早稲田大学	1,405
3	東京大学	1,161
4	日本大学	675
5	中央大学	656
6	京都大学	572
7	明治大学	543
8	同志社大学	462
9	一橋大学	396
10	関西学院大学	359

出所）『プレジデント』2007年10月15日号

が注目される。早慶両校がトップ2を占めており、経営者を数多く輩出している大学の代表校であることがわかる。

　日本の上場企業では、早慶両大学が社長・役員といった経営陣を輩出していることで目立っており、先輩に続けとばかり両校の卒業生がこれらの企業への就職を目指そうとすることは当然予想できる。その一端を表で示しておこう。表2－5は20年前と2007年の就職先企業名のトップ10を示したものである。20年前と現在では人気のある産業の違いがあるし、企業の採用人数が異なっているので、企業名に関しても両年で異なっている。しかし、両年ともに上場企業の中では超有名・超優良企業であることは確実なので、早慶の卒業生は人気の高い企業に就職していることがわかる。

　ここでは実業界において早慶がいかに勢力を誇っているかを示したが、大学の卒業生は全員が会社に就職するものでもない。官界、学界、司法界など様々な分野がある。例えば、東大や京大はこれらの分野に進む人が多い。さらに、大学によって卒業生の数が大きく異なる。早慶両校、特に早稲田の学生数の多さは良く知られている。これらの要因を調整した上で、すなわち実業界にどれだけの卒業生が進んでいるのかを明確にしないと、社長・役員の輩出率という

第2章　早稲田大学と慶應大学の名門度の上昇

表2-5　早慶両大学卒業生の就職先ベスト10 (1997年と2007年)

早稲田大学				慶應義塾大学			
1997年	人数	2007年	人数	1997年	人数	2007年	人数
NTT	131	三菱UFJFG	116	NTT	59	みずほFG	186
NEC	47	みずほFG	108	三井物産	51	大和證券G本社	105
三菱電機	47	大和證券G本社	94	第一勧業銀行	46	東京海上日動火災保険	93
東芝	45	三井住友FG	802	日本IBM	43	三菱UFJFG	92
富士通	44	日立製作所	69	JTB	37	キャノン	65
日立製作所	43	損害保険ジャパン	63	第一生命保険	35	三井住友FG	52
NHK	40	NTTデータ	59	富士銀行	33	電通	49
NTTデータ通信	39	トヨタ自動車	58	NHK	32	トヨタ自動車	46
アンダーセンコンサルティング	37	キャノン	58	東京海上火災保険	32	ソニー	45
富士銀行	35	NEC	53	東京三菱銀行	32	リクルート	43

出所)『プレジデント』2007年10月15日号

正確な評価はできない。

　このような問題は多少あるにせよ、ここで示した結果は、早慶の両大学が実業界の分野で多くの有為な人材を輩出していることを確認できる。ビジネスの分野で成功するには、早慶両校を卒業することがうってつけなのである。なぜ、この両校の大活躍がみられるのだろうか。この課題を詳細に説明するにはあらたな原稿を必要とするので、ここでは仮説だけを提示しておこう。

　(1) 両校では、特に慶應においては、卒業生の結束力が強い。「慶應三田会」は卒業生の同窓会組織であるが、結束力の強いことは有名である。会社においても人数の多い卒業生同志が、陰に陽に励まし合い、助け合う可能性が高まるので、採用・昇進が有利となる。

　(2) 比較的恵まれた家庭に育った学生が多いので、人あたりがやわらかく、組織の中で敵を作らない人が多い。協調性は昇進にとって重要な基準の1つである。

　(3) 協調性だけでは昇進できない。早大生には建学の精神である独立心から生じる指導力、慶大生には実学重視の学風から生じるビジネスへの積極的な姿勢などが、企業人としての成功に導いた。特に慶應では、既に述べたように歴

39

史的にも実業界で人材を輩出してきたので、この世界で活躍を望む有能な人が多く入学している。

（4）東大生のような勉強での勝者でない方が、ビジネスの世界に向いていることがある。勉強のできる人は自尊心の強い傾向があり、人とのつき合いが多いビジネスでは煙たがられることもあり、成功しない可能性がある。

以上が、早慶両校の卒業生が実業界で大活躍している理由を、おおまかに述べてみた。仮説の域を出ないのが残念であるが、今後の研究テーマになりそうである。

学生数の多いことのメリット

早稲田が学生数4万5千人、慶應が2万8千人と両校ともに多くの学生数を抱えている。特に早稲田のマスプロ振りが目立つ。当然ながら多くの卒業生が社会に出てくる。多くの卒業生がいれば、その中から才能豊かで、かつ頭角を現わす人の数が多くなる可能性は高い。政治家や経営者の輩出についてもこの卒業生の多さは有利に作用すると述べたが、組織に入らず個人としてリーダーや有名人となる人が出てくる可能性も高まる。小さな大学であればそれだけ人数が少ないので、目立つ人の数も少なくなる。

早稲田はこの点で傑出しており、文人、芸能人、マスコミ、スポーツなどの世界において、個人の才能と努力が結実して、その分野でのリーダーとなった人を多く輩出している。このことが世に知られるにつけ、これらの世界で活躍したいと希望する人が早稲田に入学したいと思うのは自然なことである。しかも、早稲田の教育方針は個性尊重を重視してきたし、独立心の強い人が多く入学してきた。さらに反骨精神も早稲田の伝統になっているので、一匹狼として成功する人も多いのである。

以上をまとめると、卒業生の数が多いことは、それらの中から傑出する人を輩出する可能性を高める。さらに学校の名声が高まるとそれに続こうとする有能な若者が入学してくることも忘れてはならない事実である。大学の高評価が定まると、入学してくる学生の質が良くなることを意味しているのである。

メディア露出度が高い

現代はメディアの時代である。新聞、テレビ、インターネットなど様々な媒体を通じて、人々は多くの情報を得ることができる。これらメディアの存在は、各分野で活躍する人の出身校を世の中に知らしめることに役立っている。政治家、経営者、文人、芸能人、スポーツなどの著名人がこれらのメディアに出現する機会が多いが、同時にその人達の所属先や出身校も同時に知ることが可能である。そのメディアに早慶の卒業生が多く出現するのである。

甲子園の高校野球で超有名となり、東京六大学野球で活躍中の斎藤佑樹は早大生である。人気者の彼はメディアで連日のように報道されており、早稲田の名声はいやがうえに高まる。アイドルユニット嵐の櫻井翔が幼稚舎から慶大というエリートコースであることも有名である。一昔前のテレビ政治番組の中で、政治家の故橋本龍太郎と石原伸晃両氏が、カメラの前で二人の慶應のカフス・ボタンを見せあいながら、慶應を誇示していることがあった。ほほえましいと思う人と、いやらしいと思う人がいるだろうが、テレビ時代の象徴を語るシーンであった。

早慶両校の卒業生のメディア露出度が高まることによって、ますます両校の名声は高まるし、両校に進学したいと希望する若者が増加する理由の1つになるのである。

5　まとめ

大学に注目すると、一昔前は私学と国公立の学費差が大きかったので、私立に進学できる学生は限られていた。しかし、学費差が縮小し、かつ家計所得の上昇があったので、経済の理由で私学に通えないという制約は弱くなった。しかも、この章で明らかにしたように、様々な理由が重なって早稲田・慶應を筆頭にして大都会の私立大学の人気が高まった。その影響は大学以下の私立の小・中・高校にも及ぶことになった。

一昔前は公立学校を崇拝する志向が、特に地方において強かったが、前章と本章で見たように都会の私立学校の人気が高まってきた。私学と国公立学校が教育の質を巡って競争する時代になったといってもよい。そのときに問題にな

るのは、縮小したとはいえ私学と国公立にはまだ学費差があることである。私学補助金のことを含めて、学費の差をどうすればよいのか、教育と現場は深刻な課題を背負いそうである。

*　本章は、橘木俊詔著『早稲田と慶応』（講談社現代新書）における第一章の一部を改訂したものである。転載を許可された講談社に感謝する。

第 3 章

医学部を除く理系出身者の出世・経済生活は不利

1 はじめに

本章での関心は、医学部を除く理系出身の人が卒業後にどのような人生を歩むのかを分析する。特に、理系の人と文系の人を比較して、両者の歩む人生がどう異なっていることを示すことにある。理系の専攻には大まかにいって、理学、工学、農学、医学、薬学などの諸学があるが、それら学部間にある差についても注目する。特に医学部と他の学部との違いである。

2 理系出身者は出世しない

医学部や薬学部出身者以外の理系出身者の大半は、企業や役所に就職するか、自営業者になる。医学部生でも病院勤務になったりすると、被雇用者の身分であるといえるが、専門性が高いし病院は一般企業と性格を異にしている。薬学部生では製薬会社に就職することがあるので、これは一般企業と同様と理解してよいが、企業数が多くないのでさほど関心を寄せないでおく。ここで理系とは、主として理学、工学、農学を念頭におく。

理学・工学・農学部を総称して理工系とする。理工系卒の大半が企業や役所に就職するので、これらの人がそれらの職場でどのような活躍振りを示すのかを分析してみよう。わかりやすい活躍振りは、組織内でどれだけ昇進しているとか、どれだけの所得を稼ぐのかを知ることで評価できる。

まずは役所に注目してみよう。明治時代以来の日本は、官僚国家としてその名をとどろかせてきた。現代に至って、民間の市場経済優先と規制緩和、さら

43

に官僚たたきや天下り規制の強化などによって、官僚の地位がやや低下しているとはいえ、一国の重要な仕事を実行する中央官庁への人気はそれほど低下していない。大きなやりがいのある仕事ができるし、官尊民卑の風潮はまだ残っているし、職の安定度が高いということも魅力の源泉である。

中央官庁のトップである次官と局長に、誰がなっているのだろうか。一般に中央官庁のトップは東大出が占めていると理解されているし、それは正しい理解であるが、ここでの関心は理系と文系の違いである。国家公務員のⅠ種（将来の幹部候補生）採用生を理系・文系で比較すると、理系が55％であるのに対して、文系は45％となっており、理系が採用数では優位なのである。

これを官僚の世界でトップに昇進した次官と局長で比較すると、図3－1で示されるように圧倒的な理系不利である。官僚機構の頂点である次官では、31人のうちなんと1人という輩出にすぎない。同期のうち数人しか昇進しない局長であっても、文系が87％であるのに対して、理系はわずか13％しか局長に就いていない。驚くべき理系不利・文系有利の世界が中央官庁である。

なぜこのような激しい不均衡が生じているのであろうか。様々な理由が考えられる。第1に、官僚の仕事の大半は、法律や条例を作成することにある。そうであれば法律や条例の作成作業をスムーズに行うことができるとみなせる、

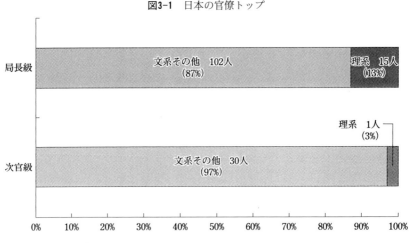

図3-1　日本の官僚トップ

出所）「理系白書」2003年

法学部出身の法学専攻者に有利さが働いた。その象徴が東大法学部の出身者であったことは言を要しない。文系であっても経済学部や文学部などは、法学部の後塵を拝していることもこれを物語っている。

第2に、官僚は職種によって事務官と技官に身分上の区別があり、事務官は昇進が可能なライン職、技官は縁の下の力持ちのようなスタッフ職とみなされていた。建前上は技官への差別はなかったが、本音では事務官優先の人事政策が採用されてきた。事務官に文系出身者が多く、技官に理系出身者の多いことは明らかであった。ライン職が昇進の道を突っ走ったのは当然のことであった。

第3に、理系に不利な人事政策として、例えば次のようなことが指摘されている。毎日新聞社（2003）によると、理系の人は地方部局への転勤が頻繁になされる一方で、文系は中央にとどまる比率が高かった。また、当然のことかもしれないが、理系の人は公的研究所で研究職に就く人が多かったので、そもそもラインの昇進の候補になる人が多くなかった。

第4に、明治以来日本は官僚主導による経済発展策をとってきた。東大をはじめとした旧制帝国大学は、もともと官僚養成を目的として創設されたこともあり、非常に有為な人材が官僚になる人生を目指した。結果として有能な若者が東大法学部から官僚になったのである。従って、志の高いかつ有能な文系卒業者が官僚になっていたことが背景としてある。わかりやすくいえば、文系の官僚に優秀な人が多かったので、それらの人が昇進してトップになったのである。

このことを述べると、では理系の優秀な人は官僚を目指さなかったといえるのか、という疑問があろう。これに対する解答は後に詳しく検討するとして、ここでは優秀な理系卒業生の多くが、他の業界や職業に進出したことも影響している、と述べておこう。もっと重要なことは、後に明らかにするように、理系出身者の性格なり、生き方が関係している。

次に民間企業での昇進を吟味してみよう。まずは上場企業の社長への昇進を調べてみよう。表3-1は上場企業の社長が、どの大学・学部を卒業しているかを輩出率で示したものである。輩出率の計算方法は次の通りである。A大学・B学部卒業の社長がある年に何人いるかを把握し、そして同大学・同学部の新入生がその年に何人いるかも把握して、前者を分子、後者を分母にして輩

表3-1　社長輩出率大学ベスト30

【大学別】

順位	大学名	指数
1	慶應義塾大学	0.061
2	一橋大学	0.052
3	東京大学	0.051
4	京都大学	0.026
5	早稲田大学	0.021
6	成蹊大学	0.019
6	大阪市立大学	0.019
8	甲南大学	0.018
8	成城大学	0.018
8	横浜市立大学	0.018
11	北海道大学	0.017
11	武蔵工業大学	0.017
13	横浜国立大学	0.016
14	中央大学	0.015
14	同志社大学	0.015
14	立教大学	0.015
14	学習院大学	0.015
18	大阪大学	0.014
18	九州大学	0.014
20	関西学院大学	0.013
21	神戸大学	0.012
21	東北大学	0.012
21	上智大学	0.012
21	大阪府立大学	0.012
25	明治大学	0.011
25	名古屋工業大学	0.011
27	青山学院大学	0.010
28	日本大学	0.009
28	関西大学	0.009
28	名古屋大学	0.009
28	静岡大学	0.009
28	大阪経済大学	0.009

【大学・学部別】

順位	大学名	指数
1	東京大学・経済学部	0.135
2	東京大学・法学部	0.106
3	慶應義塾大学・経済学部	0.094
4	京都大学・経済学部	0.087
5	慶應義塾大学・法学部	0.066
6	慶應義塾大学・商学部	0.065
7	大阪大学・経済学部	0.053
8	一橋大学・商学部	0.049
9	京都大学・法学部	0.046
10	一橋大学・経済学部	0.045
11	一橋大学・社会学部	0.044
12	東京大学・工学部	0.039
12	神戸大学・経済学部	0.039
14	早稲田大学・政経学部	0.036
14	早稲田大学・商学部	0.036
16	名古屋大学・経済学部	0.034
17	九州大学・法学部	0.032
18	甲南大学・経営学部	0.031
18	九州大学・経済学部	0.031
20	東京大学・文学部	0.030
21	横浜国立大学・経済学部	0.027
21	立教大学・経済学部	0.027
23	慶應義塾大学・理工学部	0.025
24	青山学院大学・経済学部	0.024
25	早稲田大学・理工学部	0.023
25	上智大学・法学部	0.023
25	京都大学・工学部	0.023
28	神戸大学・経営学部	0.022
28	関西学院大学・経済学部	0.022
30	北海道大学・工学部	0.021

出所）『プレジデント』2007年10月15日号

出率を計算したものである。

　社長数だけでランキングすると、規模の大きい大学・学部の方が上位にラン
クされる可能性が高い。この計算方法による社長輩出率のメリットは、それを
排除するために規模で標準化することによって、純粋の昇進力ないし出世力を
計算できるからである。この計算方法に問題がないわけではない。第1に、社
長がその大学を卒業した当時の卒業生数で比較する方が、現在の入学者数より
も分母としてよりふさわしい。第2に、たとえその当時の卒業生数が把握でき
たとしても、実業界以外の分野に進出した人を差し引いた人数を分母とする方
が好ましい。これら2つの問題点が克服できれば、理想的な社長輩出率が得ら
れるが、これらの数字を把握するのはそう容易ではない。従って、ここで計算
された輩出率は理想の数字ではないが、社長になった人の絶対数で比較するよ
りもかなりの程度改善された数字であることは確かである。

　表3‐1の主たる関心は、大学別の数字よりも学部別の数字にあるので、そ
れをまず述べてみよう。東大を例にすると、第1位は経済学部の0.135、第2
位は法学部の0.106であるのに対して、東大の工学部は第12位の0.039であり、
法経両学部よりも工学部卒は輩出率がかなり低いのである。次に京大を例にす
ると、経済学部が第4位で0.087、法学部が第9位で0.046であるのに対して、
工学部はなんと25位の0.023と低い数字である。民間企業においても官僚と同
様に理工系がかなり不利であることがわかる。

　ここでいくつかの留意点がある。東大も京大も法学部では官界や法曹界に進
出する人が多いのに対して、経済学部では大半が実業界に進出するので、法学
部の輩出率よりも少し高い数字の得られる可能性がある。工学部に関しては、
卒業生のうち大学や研究所での研究職に就く人がかなりいるので、ライン職の
頂点に昇進する社長への候補者、すなわち分母の数が少なくなる。従って、工
学部においても、純粋な社長輩出率はここでの数字よりも少し低くなる可能性
がある。これらのことを留意したとしても、法学・経済といった文系の方が、
理工系よりもかなり高い確率で社長になることができる。

　私立の雄である早慶に注目してみよう。慶應大学では経済が第3位の0.094、
法学が第5位の0.066、商学が第6位の0.065であるのに対して、理工学部は第
23位の0.025とかなり低くなる。早稲田大学も同様で、政経と商学が第14位の

47

0.036であるのに対して、理工学部は第25位の0.023である。東大・京大と同じことが早慶においてもみられており、文系よりも理工系の方が社長にまで昇進しにくいのである。

　一橋大学は商学、経済、社会といった文系学部がそれぞれ0.049、0.045、0.044とかなり高く、順位も第8位、第10位、第11位とかなり上位である。一橋大学には理系学部がないので、東大や早慶でみた理工系との比較は不可能である。東工大はここでの順位に名をつらねていない。学力の高さと名門校という名声から、東京工大は一橋大学と同じレベルとみなせるが、ここでも理系の輩出率が低くなっていると言える。

　他の旧制帝国大学についても2、3述べておこう。大阪大学では工学部が表3-1に出現していないので、これまで取り上げた大学と同じ様相を示している。九州大学も阪大と同じである。すなわち法経両学部はこの表の順位にいるが、工学部は出現していない。

　ところで、他の大学、例えば神戸大、名大、甲南大、横浜国大、立教、青山学院、上智、関西学院などの大学は、文系だけがここに登場しており、同じ大学の理工系学部は順位に出現していないので、ここでも理工系の不利が言えそうである。ただし、これらの大学のうちいくつかは、理工系の学部が古い時代に存在していなかったので、そもそも理工系の社長の輩出がありえなかった場合もあるので、これらの大学の数字から理工系不利を主張するのは危険である。

　最後に、大学別について少しふれておこう。トップ10に限定すると、慶應、一橋、東大、京大、早稲田となる。これらの大学が上場企業において社長を輩出する可能性が高いのである。もっと重要なことは、学部別に見れば、理工学部はこのトップ10に入っておらず、すべてが法・経・商の文系であるということである。せいぜい東大工学部が12位に入るにすぎないので、文系有利・理系不利を如実に物語っているのである。

　企業のトップである社長に次いで、役員はどうであろうか。社長の場合には数年に1度しか、しかもたった1人の昇任なので、その数は非常に限られている。有能なビジネスマンがひしめく中で、社長に選ばれるのは運の作用することがあるので、ビジネスマンの成功度を計測するのは、役員に注目する方がより正確ではないかと考えられる。役員であれば同期入社のうち何人かが到達し

第 3 章　医学部を除く理系出身者の出世・経済生活は不利

ているからである。役員への昇任も運があるかもしれないが、少なくとも社長より運の作用する程度は低いと想像される。

　表 3 - 2 は役員輩出率を大学・学部別に示したものである。計算方法は社長輩出率のそれと同じである。この表から学部別に関してどのようなことがわかるだろうか。第 1 に、同じ大学・学部に注目すると、社長輩出率よりも役員輩出率の方が数字がかなり高い。例えば役員輩出率トップの東大経済学部では0.825であるが、社長輩出率は0.135だったので、約 6 倍である。これを逆の見方から評価すると、東大経済の卒業生で役員になる人のうち、6 人に 1 人は社長にまでなることを示している。役員になるよりも社長になることの方が、はるかに競争が激しいことを示しているが、これは至極当然のことである。他の大学の経済学部においても、この倍数は5.0から10.0の間の数字なので、それほどの違いはない。ちなみに法経の差を東大の例で見ると、法が7.4倍、経が6.1倍なので、これも大差がない。法経両学部の間での差はほとんどないのである。工学部についても6.4倍となるので、これも大差はない。

　これらをまとめると、どの大学・学部においても役員輩出率は、社長輩出率よりもかなり高いことがわかる。役員輩出率と社長輩出率の格差に関しては、学部間の差もあまりないので、役員に昇任した人たちの後のキャリアにおいて社長への昇進競争ということに限定すれば、文系有利とか理系不利ということはない。

　第 2 に、ただし役員輩出率そのものに関しては、学部間の差が相当に存在することは強調されて良い。例えば順位において、第 1 位と第 2 位の東大経済・法学部が0.825と0.787であるのに対して、東大工は0.251の第17位であり、かなりの差がある。約 3 倍の差である。同じ大学の卒業生であっても、文系の人は理工系の人よりも、3 〜 4 倍の高さで役員になれる確率が高いのである。このことは他の国立大学についてもいえることである。京大を例にすれば、経済が第 3 位の0.659、法が第 7 位の0.394であるのに対して、工学は第25位の0.162であり、およそ 3 〜 4 倍の比率である。他の大学、例えば阪大や神戸大についても同じことが言える。

　例外は九大工である。法学が第19位の0.237、経済は第21位の0.217であるのに対して、工学は第 8 位の0.391となっており、理工系の方が文系よりも約 2

49

表3-2 「役員輩出率」大学ベスト30

【大学別】

順位	大学名	指数
1	一橋大学	0.459
2	慶應義塾大学	0.347
3	東京大学	0.337
4	京都大学	0.204
5	早稲田大学	0.174
6	大阪市立大学	0.162
7	中央大学	0.147
8	名古屋大学	0.126
9	北海道大学	0.120
10	同志社大学	0.117
11	明治大学	0.115
12	東北大学	0.113
13	横浜国立大学	0.112
14	関西学院大学	0.111
14	九州大学	0.111
16	大阪府立大学	0.110
17	神戸大学	0.106
18	上智大学	0.103
19	名古屋工業大学	0.100
20	武蔵工業大学	0.098
21	大阪大学	0.097
22	学習院大学	0.091
22	工学院大学	0.091
24	立教大学	0.090
24	甲南大学	0.090
26	成蹊大学	0.079
27	芝浦工業大学	0.076
27	東京経済大学	0.076
29	関西大学	0.070
30	青山学院大学	0.069

【大学・学部別】

順位	大学名	指数
1	東京大学・経済学部	0.825
2	東京大学・法学部	0.787
3	京都大学・経済学部	0.659
4	慶應義塾大学・経済学部	0.537
5	一橋大学・経済学部	0.514
6	一橋大学・商学部	0.445
7	京都大学・法学部	0.394
8	九州大学・工学部	0.391
9	慶應義塾大学・法学部	0.378
10	名古屋大学・経済学部	0.373
11	慶應義塾大学・商学部	0.360
12	早稲田大学・商学部	0.299
13	早稲田大学・政経学部	0.296
14	神戸大学・経済学部	0.290
15	大阪大学・経済学部	0.289
16	神戸大学・経営学部	0.255
17	東京大学・工学部	0.251
18	一橋大学・法学部	0.246
19	九州大学・法学部	0.237
20	早稲田大学・法学部	0.223
21	九州大学・経済学部	0.217
22	関西学院大学・経済学部	0.195
23	関西学院大学・商学部	0.191
24	一橋大学・社会学部	0.179
25	京都大学・工学部	0.162
26	中央大学・法学部	0.158
27	青山学院大学・経済学部	0.156
28	東北大学・経済学部	0.148
29	早稲田大学・理工学部	0.142
30	大阪大学・工学部	0.141

出所)『プレジデント』2007年10月15日号

倍も逆に高い。この逆転は社長輩出率と異なった様相なので、九大はユニークな状況を示している。詳しい理由は不明であるが、九大工学部が有能な学生を集めた上で、良い教育をして世に送り出しているか、九大経済がその逆であるかもしれない。ややうがった見方をすれば、九大経済はマルクス経済学の強い大学として有名だったので、経済学部での教育がビジネスマン養成に向いていなかったか、思想上からそもそもビジネスマンになろうとする人の数が少なかった、と解釈できるかもしれない。ちなみに、九大経は既に述べたように九大法よりも低い順位である。他の大学では経済・商学が法学よりも高いのと好対照なので、九大経に特殊な要因があることをうかがわせるのである。しかし、マルクス経済学を要因とする理由は、あくまでも仮説の域を出ない。

　私学に注目してみよう。早稲田大は商学が第12位の0.299、政経が第13位の0.296、法学が第20位の0.223であるのに対して、理工は第29位の0.142である。理工系が文系より役員輩出率の低いことは国立大学と同じであるが、その低さの程度が文系との比較の上で倍率として約2倍にすぎないので、早稲田理工の健闘ともいえる。この倍率を早稲田大学の社長輩出率を用いて文系・理系の比較をすると、同じことがいえる。早大政経の0.036に対して、早大理工は0.023だったので、理工は政経の64%低いだけにすぎず、早稲田大に関しては文系・理系の差がさほどないのである。これらは早大理工系の健闘の証拠となる。

　私学のもう一方の雄、慶應義塾はどうであろうか。文系の経・法・商はそれぞれ第4位、第9位、第11位の0.537、0.378、0.360で非常に高いが、理工は30位以内の順位に入っていない。慶應に関しては、文系を卒業した方が理系の人よりも、はるかに高い確率で役員昇任しているのである。

　ここでの結論は、たとえ同じ大学を卒業した人であっても、法経商といった文系を卒業した人よりも、理系を卒業した人ははるかに低い確率でしか役員に昇任できないのである。ただし、九大だけは例外である。同じ大学の卒業生であれば、学力、意欲を含めた諸能力は文系・理系の間で似た水準にあると想像できる。ここでわかったことは同じ大学の卒業生であっても、社長や役員への昇進に関しては、文系よりも理系の方が相当に不利ということである。一般論として、企業にあっても理系は昇進において不利と結論づけられる。なぜ不利であるかについては後に議論する。

51

世界の先進国はどうであろうか。図3-2は日本、イギリス、ドイツ、フランスにおける社長の専攻分野を示したものである。理工学に注目すると、フランス、ドイツ、イギリスともに、54〜55％の社長が理工系によって占められているのに対して、日本はわずか28％である。日本企業において理工系出身者が他の先進国と比較して、いかに冷遇されているかを物語っている。

図3-2は文科系についても興味ある事実を提供している。すなわち、ドイツと日本は経済学が23〜25％と相当に高いが、イギリスやフランスは10％以下でかなり低い。ちなみに、ドイツと日本は法学もかなり高いが、イギリスやフランスは「社会科学その他」がかなり高い。「社会科学その他」が具体的に何をさしているのか不明なので、これ以上の言及を避ける。図3-2で重要なメッセージは、他の先進国と比較して、日本では理工系の人が企業でかなり冷遇されている、という事実である。

次に賃金や俸給に関して、理系と文系を比較しておこう。既に見たように役所や企業で理系の人が、文系と比較して昇進決定において、かなり不利な状況にあったので、これに伴う所得差が当然あると予想できるが、これを具体的に比較してみよう。図3-3は某国立大学の理系出身者と文系出身者の平均年収と生涯賃金を比較したものである。

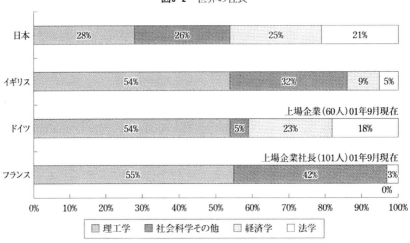

図3-2　世界の社長

出所）「理系白書」講談社　2003年

第 3 章　医学部を除く理系出身者の出世・経済生活は不利

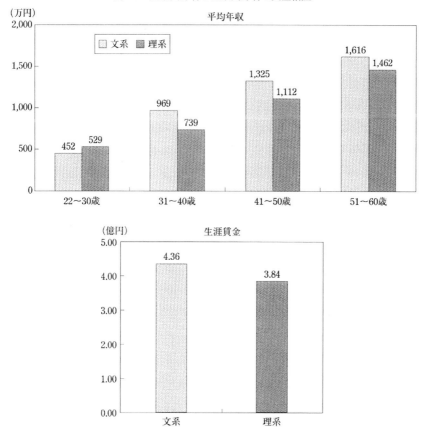

図3-3　文系出身者と理系出身者の賃金格差

注）松繁寿和・大阪大学大学院国際公共政策研究科教授らの調査。ある国立大の卒業生、理系約2,200人、文系約1,200人が回答。1998年
出所）「理系白書」講談社　2003年

　図 3 - 3 からわかることは次の点である。第 1 に、22〜30歳という若い層では、理系529万円という年収なので、文系452万円よりも高い。これは理系出身者に大学院修了者が多いので、若い間はこの学歴差が生きており、理系出身者の方が高い年収を得ている。

　第 2 に、年齢を重ねるとこの差は逆転し、早くも31〜40歳で文系が969万円であるのに対して、理系は739万円の年収である。これが41歳を過ぎてもこの傾向は続くし、51〜60歳では文系の1,616万円であるのに対して、理系は1,462

53

万円である。若い時期を除いて、理系出身者は文系出身者と比較して、年収で約200万円前後低いのである。

　最後に、生涯賃金（22歳から60歳まで）に注目すれば、文系出身者が4億3,600万円であるのに対して、理系は3億8,400万円であり、約5,200万円も理系が低いのである。これはかなりの差といえる。

　なぜこのように理系出身者の所得は、文系出身者と比較して低いのであろうか。様々な理由が考えられる。第1に、既に見たように、理系の人は官庁や企業での昇進が文系の人と比較して不利なので、これによる差が大きい。昇進した人の賃金、俸給は当然のことながらかなり高いし、逆に昇進しない人の賃金、俸給は低くなる。

　第2に、文系の人はメーカーに就職する人もいるが、銀行、商社、マスコミ関係、といったいわゆるサービス産業に就職する人が多い。日本では金融業やサービス業の賃金がかなり高く、理系の人が多いメーカーなどはその逆だった。平均として理系出身者の方が文系出身者よりも、平均賃金の低い産業に勤務する人が多いので、理系と文系の差を説明するもう1つの理由である。

　第3に、企業内での昇進とも関係するが、理系の人には能力・実績主義が作用する仕事や職場に従事する機会が、文系の人より少ないことがある。文系の多くの人が従事する職務として営業職があるが、この職務は業績主義の傾向が強いので、一部の成功者はかなり高い賃金を得ている。一方、理系の人は技術職や研究職が多いので、比較的地味な職場となり、能力・実績主義がさほど作用していない。

　しかし、最近になってかなりの企業が、際立った発明や新技術の開発に成功した人に、それなりの高い報酬を出す時代となったので、今後を予想すれば理系出身者の賃金も高くなるかもしれない。とはいえ、この成功報酬はごく限られた一部の成功者のことにすぎないので、全体で評価すれば理系の人の平均賃金がそれほど上昇すると予想できない。

　むしろ期待できるのは、企業や世間において、日本では理系の人が不遇にいるということが知れ渡り、理系の人を優遇しないと人材の枯渇を招くのではないかという危惧から、理系優遇策が浸透することである。一昔前でも今でも、理系学生の一部が月給の安いメーカーに就職せず、高い賃金の期待できる金融

工学などの分野で活躍できる金融業に就職する現状がある。これらの人が専門を生かすために従来のようにメーカーに就職したり、あるいは優秀な高校生がもっと理系に進学することを促すためにも、理系出身者の不遇をやめる必要があるし、むしろ優遇策を強めなければならない。

3　なぜ理系の人は昇進しないのか

理系出身者が文系出身者と比較して、企業や官庁で昇進していないことを示したが、その理由を探求するのがここでの目的である。これには2つの角度から接近できる。1つは働く側の要因であり、もう1つは雇用する側の要因である。これらを検討してみよう。

働く側の要因

ここでもっとも強調したいことは、理系出身者は専門職指向が強く、管理職指向が弱いということである。ここで管理職とは、部下がいてそのユニットの構成員の監督、指導、評価を行うとともに、そのユニット業務の責任者である。一昔前であれば、係長→課長→部長→取締役という組織の中での昇進構造で理解できたが、現在では、ユニット長、ヘッドマネージャー、グループ長、ディレクター、等々のカタカナで呼ばれることも多い。管理職の名称はともかく、管理職は組織における部下と上司を結ぶ垂直ラインにおいて、上司の立場にいる人が管理職である。

一方専門職とは、必ずしも垂直ラインに属さず、高度の専門業務を行う人である。理系出身者の研究職や技術職についている人が多いが、文系出身者でも法務、金融、経理などの分野で高度な専門知識を駆使して、レベルの高い仕事に従事することもある。これだけ述べれば専門職は管理職に引けをとらない職とみなせるが、実態は2つの側面がある。

1つは、真に高度で専門的な業務に従事する人で、研究開発や法務、金融におけるファンド・マネージャーや為替のディーラーの役割は企業にとっても重要なので、そういう業務に優れた人が就く専門職がある。このような専門職の成功者は、高い成功報酬を受領することもある。

55

もう1つは、管理職の昇進競争に敗れた人が、部下なしの専門職になったり、「部長待遇」「担当課長」などと呼ばれた部下なしの「似管理職」に就くこともあった。これらの人の賃金の処遇は、管理職と比較して低いものであったことは確実であるが、年功序列制が生きている限り、極端に低いものではなかった。

　ここで述べたように、専門職には2つの種類があることを認識した上で、理系の人と文系の人が管理職指向なのか、それとも専門職指向なのかを確かめておこう。表3-3は大学卒業者の指向を示したものである。理工系では学部卒と大学院卒の2つがあるが、理工系では相当数の人が大学院修士・博士を修了してから企業人になっているので、大学院卒を区別して集計している。

表3-3　将来管理職、あるいは専門職として働きたい人の割合

(%)

	文系出身者	理工系学部卒	理工系大学院卒
管理職として働きたい	51.6	30.7	30.2
専門職として働きたい	18.7	44.4	45.7

出所) 富田安信論文「理工系出身者の仕事意識と処遇」　橘木俊詔・連合総合
生活開発研究所編　「昇進の経済学」第10章

　この表でわかる点は次の通りである。第1に、文系出身者は半数以上が管理職希望であるのに対して、専門職希望者はわずか19%にすぎない。合計が100%にならないのは、どちらでもないと答えたか、答えなかった人が存在するからである。文系出身者では圧倒的に管理職指向である。すなわち、文系の人は昇進を望んでいるのである。なぜ文系の人に専門職希望の人が少ないかといえば、専門職に2つの種類があると先程述べたが、そのうち昇進競争に敗れた人が専門職と呼ばれるという状態であると、文系の人は理解しがちではないか、ということもある。

　第2に、理系出身者では管理職指向の人はおよそ30%であるのに対して、45%前後の人が専門職指向であり、後者が多数派である。理系の人が想定する専門職とは、専門職の2つの種類のうち高度な業務を遂行する真の専門職であって、管理職の昇進競争に敗れた人に与えられる専門職ではない。理工系出身者に限れば、学部卒と大学院卒の間で管理職か専門職かの希望に関して、大きな差がない。いずれにしても理系の人は管理職に就くよりも、専門職に就くこと

第3章　医学部を除く理系出身者の出世・経済生活は不利

を希望する人の比率が高いことが、ここでの結論である。しかし、理系の人で
あっても管理職指向の人がそこそこいることも忘れてならない。

　次の関心事は、管理職になることのメリットとデメリットを、日本のサラリ
ーマンはどう評価しているかである。このことが明確になれば、なぜ理系の人
が管理職ではなく、専門職指向が強いのかを、かなり類推できることとなる。
表3‐4は管理職に昇進することで魅力になる点と、逆に負担となる点を、理
科系（学部と大学院）と文科系の別に示したものである。

　この表でわかる点は次のようにまとめられよう。第1に、文科系出身者と比
較して、理科系出身者は、すべての項目において昇進に魅力を感じる程度が低
い。例えば、収入、人の上に立つ、仕事の裁量と権限、企業経営への参加、業
績・能力が認められる、といった項目に、さほど魅力を感じていない。逆に文
系出身の人は、これらの点のすべてに魅力を感じている。ただし、項目によっ
てその魅力を感じる程度はかなり異なっている。例えば文系であれば、自分の
裁量で仕事ができるとか、権限の大きな仕事ができる、といったことに60％以
上の人が魅力を感じているのに対して、人の上に立てるに関してはわずか17％
である。

　第2に、文科系の人が大いに魅力を感じるとした項目、例えば自分の裁量で
しかも権限の大きい仕事ができる、といったことに関して、理科系の人はせい
ぜい30％台の人しか魅力を感じていないのであり、理系の人が昇進の魅力とし
て感じる点であっても、さほどの強い魅力となっていない。

　第3に、同じ理科系出身者であっても、学部卒生と大学院卒生の間で、昇進
に魅力を感じる人の比率が異なる。具体的には、大学院卒のほうが学部卒より
も、各項目において管理職への魅力を一層感じなくなっている。魅力を感じる
人の比率はわずか10〜20％台なので、ほとんど魅力を感じない人ばかりといっ
ても過言ではない。先程理科系出身者においては、管理職指向に関して学部卒
と大学院卒に差がないと述べたが、この表の結果は具体的な項目からすれば両
者にかなりの差がある、ということになる。前者はいわば総論であり、後者は
いわば各論とみなせるので、総論と各論の間に差があるということを示してい
るのである。

　次に、では管理職に就くと負担を感じる点はどこか、ということを文系と理

57

表3-4① 以下の事柄が管理職に昇進することの大きな魅力である
と思う人の割合

(%)

	文科系 出身者	理科系 学部卒	理科系 大学院卒
収入が増える	50.3	36.2	19.0
人の上に立てる	17.4	10.6	5.9
自分の裁量で仕事ができる	66.9	38.0	22.7
権限の大きな仕事ができる	64.6	30.7	19.6
企業経営により直接的に参加できる	53.4	26.0	15.5
自分の業績・能力が認められた証拠となる	36.4	25.2	14.1

表3-4② 管理職に昇進すると以下の事柄が負担になると思う人の
割合

(%)

	文科系 出身者	理科系 学部卒	理科系 大学院卒
同僚との競争が厳しくなる	60.9	74.0	82.6
部下を管理するわずらわしさがある	59.5	81.0	89.2
労働組合員でなくなる	20.4	49.9	69.9
転勤など異動が多くなる	61.4	83.4	89.8
仕事に費やす時間が長くなる	63.2	83.4	91.2
仕事上の責任が重くなる	64.0	84.5	92.6

出所) 富田安信論文「理工系出身者の仕事意識と処遇」　橘木俊詔・連合総合生
活開発研究所編　「昇進の経済学」第10章

系で比較してみよう。これに関して興味ある点は次の通りである。第1に、管
理職に昇進すると負担に感じる人の比率は、理科系出身者の方が文科系出身者
よりもかなり高い。特に、労働組合員でなくなる、という項目を除いて、ほぼ
70％以上の人が各項目において負担になるとみなしている。どの項目に高い負
担を感じる人が多いかといえば、仕事の責任が重くなる、仕事に時間がとられ
る、部下を管理するわずらわしさ、転勤などの異動が多い、といったことに集
中している。

　第2に、理科系出身者に限ると、大学院卒の方が学部卒よりも負担を感じる
人の比率がやや高い。これは先程の管理職に魅力を感じる人の比率に関する結

果の裏の物語である。すなわち、魅力を感じる比率が高まれば、負担を感じる比率が低くなるのである。

　第3に、文科系出身者は管理職への昇進は大きな魅力と感じる人の割合が高かったが、それが負担と映る人の割合も、労働組合員でなくなるという項目を除いて、60%台のかなり高い割合であることに注目したい。理科系の人は管理職に魅力を感じれば負担を感じないとしているので、自然な対応を示しているが、文科系の人は魅力を感じるが負担も同時に感じる、と回答しているので不思議な差である。

　理科系の人と文科系の人の対応の違いはどこにあるのだろうか。いくつかの矛盾を解く鍵は次の点にあると解釈できる。文科系の人は管理職に昇進すれば様々のメリットがあるので、なんとか昇進したいと願っている。しかし、昇進すれば様々な苦労に遭遇することもわかっているので、その気持を負担感で表現している。とはいえ、その負担感は胸の奥に閉じ込めて、すなわちガマンにガマンを重ねて昇進の道を歩みたいと願っている、と解釈できないだろうか。この不思議さのナゾが解けたと思うが、独善的な解釈かもしれない。

　一方理科系の人は、昇進して管理職に就けば、部下の管理や仕事の責任などでその苦労は心身ともに耐え難いレベルに達すると予想できるので、正直に回答して昇進を望まないと答えているのである。苦労を避けるためにさほど昇進を望まず、自分の好きなことができる専門職に就きたいと希望するのである。

　この文系と理系の違いを別の視点から見るために、表3‐5によって、文系と理系の人がどのような働き方にやりがいを感じて仕事をしていくかを確認しておこう。第1に、理科系の人にとって重要な項目は、自分に適性にあった仕事が与えられる、自分の仕事の成果が上司や同僚に認められる、賃金が上がる、専門的な知識や技能を高める、などである。

　第2に、理科系出身者と文科系出身者の間で、大きく異なる項目を列挙してみると次のようになる。文科系がより重要と考えているのは、「より権限と責任のある仕事が与えられる」「部下や後輩をきちんと人材育成する」「部下を統率し、職場全体の業務を指揮する」の3項目である。これらはすべて管理職指向の人にとって大切とされている項目である。文科系イコール管理職指向がここではっきりと読みとれる。逆に理科系がより重要と考える項目は、意外なこ

表3-5 やりがいを持って仕事をしていくために重要と思う人の割合

(%)

	文科系 出身者	理科系 学部卒	理科系 大学院卒
より権限と責任のある仕事が与えられる	63.7	41.6	46.4
自分の適性にあった仕事が与えられる	64.6	69.6	71.8
自分の企画・提案が採用される	53.9	49.8	55.2
自分に与えられた仕事をきちんとやりとげる	61	54.4	56.9
自分の仕事の成果が上司や同僚に認められる	58.9	56.8	59.1
賃金が上がる	58.5	58.7	53.6
役職が上がる	34.8	27.1	23.8
休暇がきちんととれ、リフレッシュできる	41.1	48.9	48.6
趣味など仕事以外にも生きがいを持つ	45.5	52.9	50.3
同僚と協力して仕事をやりとげる	41.3	35.3	35.9
仕事の進め方を自分で決めることができる	46.1	44.4	44.8
専門的な知識や技能を高める	46.5	55.9	65.2
部下や後輩をきちんと人材育成する	53.5	41.3	46.4
部下を統率し、職場全体の業務を指揮する	47.8	33.7	36.5

出所）富田安信論文「理工系出身者の仕事意識と処遇」　橘木俊詔・連合総合生活
開発研究所編　「昇進の経済学」第10章

とに「休暇がきちんととれ、リフレッシュできる」「趣味など仕事以外にも生きがいを持つ」の２項目がめだつ。理科系出身者は会社人間であることを文科系出身者よりも嫌う程度が強く、仕事にさほど生きがいを感じていない。したがって、猛烈社員である程度は文科系出身者のほうが高そうなので、昇進スピードも早く、かつ会社役員になる確率も理科系より高いといえる。「専門的な知識や技能を高める」は当然のことながら理科系が高く、特に大学院卒に顕著である。

　これらのことから、理系の人は自分の適性や専門にあった仕事に就きたいと願っているし、昇進を目指して猛烈社員として働くことを願っていないとみなせる。これらは専門職に特有な働き方なのである。ここで１つ興味のある点は、理科系の人が専門職指向とはいえ、賃金の高いことも願っていることである。これは「優れた仕事をした専門職」の人は高い賃金を受ける資格があると宣言

第3章　医学部を除く理系出身者の出世・経済生活は不利

している、と理解すべきであろう。

　次に、理科系出身者と文科系出身者が自分達の評価あるいは他人の評価において、どのような資質を保有していると判断しているのだろうか。これは図3-4でわかる。図3-4は、企業で有能な働き振りを示して役員に昇進した人が、理系と文系の人の素質、人格などをどう評価しているかを示したものである。

　では、理科系出身者と文科系出身者はどう異なるとみられているのだろうか。図3-4①は理科系出身者が文科系出身者よりも優れている項目を示したものである。これは「まったくそのとおり」と「どちらかといえばそのとおり」の合計を示したものである。この図でわかることは次の点である。

　第1に、理科系が文科系と比較して最も優れている点は、「専門性が高い」ということである。実に88.2％のウエイトである。理科系には大学院卒業者が多いし、企業においても専門性の高い業務に従事しているので、これは当然の答えといえよう。専門職指向の強い人が多い理科系出身者の特質とも合致している。

　第2に、「理科系出身者の方が集中力がある」が47.5％で続いている。専門性の高い職務には集中力を要するケースが多いことは直感的にわかる。例えば、研究室での研究業務では、短時間の集中によって実験がうまくいくことはよくある。多くは理科系出身者にあてはまることである。定型的業務が比較的多い事務職にも集中力が必要であるが、理科系の方がその程度が高く、したがって理科系出身者には集中力があるとみなされているのである。

　第3に、「理科系出身者のほうが業績が明確だ」が38.6％と結構高い。これは新しいソフト・新技術・新製品の開発、あるいは研究職に就いている人たちの研究論文の質と量によって、成果を測定することが比較的容易な点が背景にある。こういう仕事をしている人の多くは理科系出身者だからである。

　次に理科系出身者が文科系出身者よりも優れていない、あるいは違和感を感じる点を考えてみよう。図3-4②はそれを示したものである。

　第1に、最も印象的なことは、理科系出身者は社交性などで優れていないと評価されていることで、実に63.0％である。実験や専門性の高い仕事をしている人は、いわば現代語流に従えば、「おタク族」のイメージが強く、社交性がないとみなされているのである。

61

図3-4① 会社役員が考える、理科系出身者が文科系出身者よりも優れている点

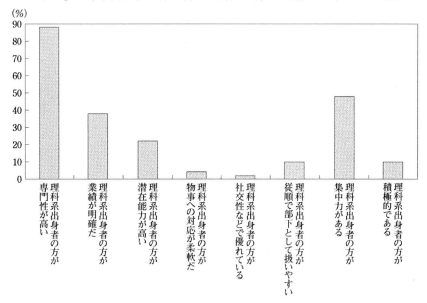

図3-4② 会社役員が考える、理科系出身者が文科系出身者より優れていない点、あるいは違和感を感じる点

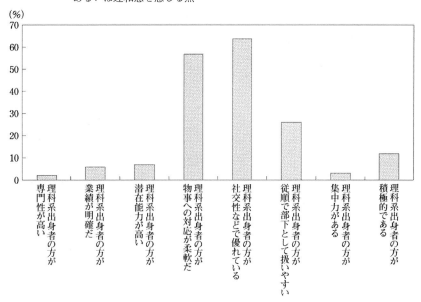

出所) 役員調査、橘木俊詔「昇進のしくみ」第7章

第3章　医学部を除く理系出身者の出世・経済生活は不利

　第2に、次に高いウエイトを示している「理科系の方が物事への対応が柔軟だ」という項目が否定されている。すなわち、文科系出身者は頭が柔軟で、理科系出身者は頭が固いという評価である。営業部門や他の部門で、人づきあいの多い職務をこなしている文系の人が、硬直的な考え方をしていれば、ビジネスが成功しないことは自明であり、理科系の出身者に柔軟でない人が多いとみなされているのである。

　第3に、前二者と比較して、ややウエイトの小さい項目として、「理科系出身者の方が従順で部下として扱いやすい」があげられ、これが否定的にみられている。これは前述の柔軟性と関連性がある。理科系出身者は頭が固い傾向があるとされたが、部下として働くときも従順でない、と判断されている。管理職からみれば、命令を聞かなかったり、硬直的な態度をとる部下が好ましくないのはいわば当然であり、理科系出身者にそういう人がやや多いということである。

　ここまでは、理系出身者の性格や生き方に関して、やや否定的なことを述べたが、これはビジネス分野に関する話であって、個人の性格までを否定したものではない。例えば理系出身者は社交的でないと述べたが、社交的な人間は人によっては、悪くいえば軽薄であると評価されることもあり、あくまでもビジネス社会においての優位ということである。また逆にいえば、「社交的」と対比させて「重厚的」を考えてみると、人の性格の善悪を簡単に決められるものではないし、人の好みにも依存することを強調しておきたい。

　これまでの図表を吟味することによって、企業社会において文系出身者が理系出身者よりも、昇進において有利になる事情がよくわかる。管理職になるためには、高度の専門性は不必要だし、常に集中力が必要ともかぎらないし、営業職を除いて成果の測定不可能な業務についている人が多い。さらに、性格的には、社交性に優れている方が良く、柔軟性の高い方が良く、従順さに欠けない方が良い。ここに書かれた特質、性格は、理系出身者よりも文系出身者によりあてはまるのである。したがって、図表でみた理系出身者が文系出身者と比較してやや不利とみられるいくつかの有力な理由が示された、といえるのではないだろうか。

　以上、理系の人が文系の人よりも企業で昇進せず、すなわち管理職になりに

63

くい状況を、働く側の要因に基づいて考察した。そもそも理系の人はさほど管理職になりたいと願ってないし、専門職指向が強い。それらは理系の人の専門性の高さから発するものであるし、生まれながらに性格として管理職に向かない人物としてみなされているし、好んで苦労の多い管理職を望まない姿勢もある、とわかった。しかし、一部には理系出身者であっても管理職指向の人もいるし、高い賃金を欲していることにも留意したい。

企業側の要因

　企業側は理系出身者をどう処遇しているのであろうか。賃金という処遇に関しては、文系の人よりも理系の人の賃金が低いことを既に示したので、ここでは昇進に関することを中心に議論する。前節でみたように、理系の人がさほど昇進を望まないのであれば、理系の人を非管理職に押し込めるか、昇進のスピードを遅らせることは可能であったが、ここで述べたいことは企業の組織自体が理系の人を昇進させる構造になっていない、ということである。わかりやすく言えば、理系の多くの人を管理職に就けるほどのポジションの数が企業組織にない、ということである。

　このことを示すには、次の1つの資料で十分である。それは企業において役員がどのような業務に就いているのか、ということ知ることである。図3-5を参照されたい。これは現在役員になっている人が、どのような業務に就いていながら、経営責任を負っているかを示したものである。

　これによると、営業担当の役員が約45.0％を占めてダントツに高い。次いで経営企画担当が28.7％、技術部門担当が21.1％、製造部門担当が18.2％である。さらに、経理・財務、人事・労務、総務・広報がそれぞれ15％前後である。他の部門では理系・文系が入り乱れていると考えられるが、比率が低いので無視する。

　これら担当職の中で、理系出身者が就くのは、技術と製造部門、それに経営企画担当の一部なので、合計で約54％である。ここでは経営企画担当の半数を理系とみなして計算している。一方、文系出身の大半が就く営業、経理、人事、総務などの合計は、約104％となる。ここで理系・文系の合計が100％を超えるのは、1人の役員が複数の職務を担当することがあることによる。ここで数字

第3章 医学部を除く理系出身者の出世・経済生活は不利

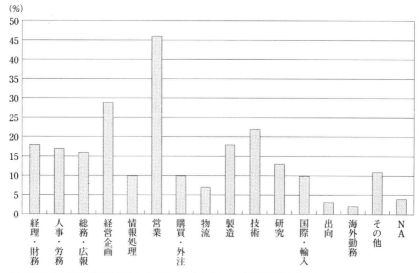

図3-5 会社役員の役務（担当役員）

注）役員1人で複数の役務を担当しているケースもあるので、合計は100％にならない。
出所）橘木俊詔『昇進のしくみ』第2章

を示していないが、建設業、金融・保険業、不動産業、サービス業では営業担当が50％を超えている。さすが製造業では製造担当が30.8％、技術担当が27.7％で高いが、それでも営業担当が35.6％で最も高い比率である。

　これらのことをまとめれば、日本企業では3本柱、すなわちモノを作ること、モノを売ること、それに組織の管理を行うこと、において、モノを売ることと組織の管理の2本柱が高い比重を占めているのである。ただし、製造業ではモノを作ることがもっとも重要なのは確実であるが、モノを売ることと組織の管理も重要性が低くない。このように理解すると、日本企業の組織内において、モノを売ることと組織の管理をする仕事の重要性が高く、それらの業務を担当する経営者の比率がかなり高い。

　1人の役員の下には、部長、課長、係長といった管理職が何人かいて、それらの人はその役員の監督の下で、同じ業務に就いている。例えば、その役員が営業担当であれば、その下にいる中間管理職も営業の仕事に従事していると考えられる。ここで述べたことは、担当役員に営業をはじめ組織管理の仕事に就

いている人の数が多ければ、それらの役員の下にいる中間管理職も数が多いことを意味する。中間管理職の多くの人がモノを売ることと組織管理の両業務に従事するとみなしてよい、ということである。

これら2つの業務（すなわちモノを売ることと組織の管理）では、大半が文系出身とみなせるので、管理職の多くが文系出身者であるとみなせる。もとよりセールズ・エンジニアなどの例で示されるように、理系出身の営業職や組織の管理職も存在するが、大半は文系出身者とみなして間違いはない。ここでの主張は、日本企業の組織の特色として、管理職には文系出身が就くポジションが多いということである。逆にいえば、理系出身者の就く管理職ポジションの数は限定されているのである。

最後に公務員について一言述べておこう。公務員には警察官、自衛隊、教員、一般職をはじめ業務は非常に多岐にわたっているので、理系・文系の相違を論じるにはあまりにも複雑すぎる。しかも、中央と地方による差も大きい。そこで公務員を包括的に論じることはせず、中央官庁の次官、局長というトップの管理職を既に述べたので、この地位に限定して考えてみたい。

中央官庁の主要な仕事は、既に述べたように法律や条例の作成、国の基本的な政策の作成・企画、政治家との接触による国会対策、などである。これらの職務の多くは文系出身者が担当できると考えられる。特に、法例や条例の起草・作成は法学部出身者がもっとも得意とするところなので、既に強調したように文系の中でも法学専攻者が多数を占めている理由になっている。いずれにせよ、ここで述べた仕事の大半は文系の人が得意とする分野であると判断してよい。

もとより、国土交通省、厚生労働省、農林水産省などでは理系出身者が担当できる、あるいは担当すべき職務がかなりあるので、理系の人が管理職に就いても不自然ではない。しかし、法律や条例の作成という仕事になると、理系の人はどうしても専門的なアドバイス作業しかできず、文系の人、特に法学専攻者が管理職として優先される場合が多い。政治家やマスコミとの交渉においても文系の人に長がある。

これらのことをまとめると、中央官庁における役職に関しては、理系の人（すなわち技官）よりも文系の人（すなわち事務官）が就くポジションの数の方

第3章　医学部を除く理系出身者の出世・経済生活は不利

が、そもそも多いということがある。課長級の段階で文系の人が多いのであれ
ば、局長や次官への昇進もその人々の中から選ばれるので、結果として中央官
庁のトップは文系が占めることになる。

4　理系の中でも医学部は別格

　理系出身者が昇進や賃金で不利であることが知れ渡ったのか、理工学部の人
気は落ちている。東大工学部の電気工学科が学内進学希望で定員を満たせなか
った、ということがしばらく前に報道された。工学部の中で栄光ある学科にお
いて初めての経験ということである。東大に限らず、多くの国立・私立の大学
で理工学部への志願者が減少している。志望者数の減少のみならず、理系志望
者の学力低下がささやかれている。

　しかし、医学部だけは別である。理系志望者の中で医学部には学力の高い人
の志望が殺到している。その証拠を示すために、表3‐6によって理工学部と
医学部の入試難易度を偏差値で確認しておこう。ここでは理工農などの学部と
医学部の双方を持っている国公立・私立の大学を、比較可能のためにランダム
に選んだものである。換言すれば、医科大学は他の学部がないために排除して
いる。

　表3‐6で明らかなことは、すべての大学において理・工・農学部の偏差値
よりも、医学部の偏差値の方がはるかに高いことである。10ポイントから25ポ
イント程度の差なので、同じ大学であっても入試難易度に大きな差があるとみ
なせる。医学部にはかなり学力の高い学生が殺到しているのである。この表に
はすべての大学の医学部の偏差値を示していないが、それらの医学部の偏差値
は他の学部よりも、これまたかなり高い数値なので、日本の大学の医学部は優
秀な学生を集めまくっているのである。

　なぜこのように医学部の人気が高いのであろうか。数学、物理、化学、生物
などの理系科目に強い学生が、これだけ医学部に集中するのは、理・工・農な
どの諸理工系学部に進学してもよいところに、人材が医学部に奪われているの
ではないか、と想像させる。もとより、ここでの数字は入学試験の偏差値であ
り、大学入学後に教育や訓練を受けるので、卒業後の社会人としての能力や実

67

表3-6　理工学部と医学部の入試難易度

【国立大学】	大学	理	工	農	医
1	北海道大学	62	59	65	77
2	東北大学	63	63	63	78
3	千葉大学	61	58	58(園芸)	76
4	東京大学	78	78		86
5	信州大学	52	49	51	75
6	京都大学	74	72	71	84
7	大阪大学	67	66		83
8	神戸大学	62	62	63	77
9	岡山大学	55	54	55	77
10	鹿児島大学	50	47	53	74
【公立】	大阪市立大学	57	59		76
【私立大学】	大学	理	工	農	医
1	慶応大学	70	70		83
2	日本大学	52	52		70
3	東海大学	44	43		69
4	近畿大学	51	51	55	72

出所)「第二回ベネッセ・駿台記述模試」による合格率60%以上の偏
差値『2008年度大学ランキング』朝日新聞、2007年度出版

績までを決定することはない。しかも、社会人の実力は学力だけで測定できる
ものではない。あくまでも大学入学時の学力だけに依存した評価にすぎない。

　医学部の人気には次のような理由がある。第1に、医者になればかなり高い
所得を稼ぐことができる、という期待がある。高校生がこの事実を数字として
正確に把握しているとは思えないが、自分のまわりにいる医者が高所得である
とか、豪邸に住んでいるとかを知っているし、親が医者であれば子どもが裕福
な生活を実感できる、などで知ることができる。

　このことを数字で確認しておこう。表3-7はいくつかの職種における生涯
賃金、年収と、開業医と勤務医の平均年収である。ここでは医者を勤務医で代
表させているが、前者の表によって、医者の生涯賃金の高いことがわかる。理
工系出身のサラリーマンの代表職であるシステム・エンジニアでは2億5千万
円なので、勤務医の4億8千万円はおよそ2倍弱の高さである。理工系のビジ

ネスの世界より医者はおよそ2倍の生涯賃金を得ており、いかに高い所得であるかがわかる。年収に関しても、医師の所得の高いことがわかる。

医者であっても開業医に注目すると、勤務医よりもかなり高い年収だと報告されている。中程度の公立病院の院長が1960万円、勤務医が1420万円の年収であるのに対して、開業医が2532万円の年収でより高く、やや意外な結果である。橘木・森（2005）では、日本の超富裕層（年収がおよそ1億円以上の人）の15％が医者（ほとんどが開業医）であると、所得税統計から計算されている。最も比率の高い所得稼得者は創業経営者であったが、これら経営者の大半は大都市部に居住しているのに対して、開業医は特に地方部に住む人が目立っている。

ここでわかったことを要約すれば、日本では医者、特に開業医の所得は非常に高いということになる。

第2に、医者の仕事は人命救助、病気に悩む人の治療、基礎医学の研究、というように人間として尊いものである。さらに、人から尊敬される職業であることも確実である。こういう職に就きたいと願う若者が多いことは自然なことである。

第3に、第1と第2のことがあるので、医者の子どもの多くが医者になりたいと希望する事情がある。現実にも医学部進学生のかなりの比率が、医者の子弟である。一説によると、医学部進学の学生のうち、医者の子弟は約40％とされている。この事情があれば、一部の若者が医学部への進学を熱望することになり、医学部熱を高校生の間で煽ることになる。

表3-7　職種の違いによる所得差

【生涯賃金】	システム・エンジニア	2億5000万円
	勤務医	4億8000万円

	システム・エンジニア	557.7万円
	自然科学系研究者	604.2万円
	医師	1,101.2万円
【年収】	看護師	465.2万円
	百貨店店員	335.1万円
	調理師	347.8万円
	航空機操縦士	1,295.5万円
	製鋼工	522.5万円

出所）『プレジデント』2007年12月3日号

第4に、医者に格別なりたいと思わない高校生の中で、学力の高い人が、偏差値の非常に高い医学部に合格することを、第1の目的として受験することがある。換言すれば、難関突破が唯一の目的であって、どの職に就くということは二の次の受験生も少ない数であるが存在する。

大勢の優秀な高校生が医学部への進学を希望する理由がわかったが、このことが社会に与える影響を考えてみよう。既に強調したように、偏差値の高さだけで人間の能力なり将来を論じることは一面的過ぎることを理解した上で、医学への人材偏在を考えてみよう。

医者の仕事は人の命にかかわることだし、高い学力がないと複雑で高度な医学の世界を理解できないので、能力の高い人が医学を目指すことに異論はない。これらの人に高い報酬を支払うことも理にかなっている。しかし、理系科目に長じた人が活躍する分野は医学に限らない。数学、物理、化学、生物などの基礎科学の分野で高い研究実績を出す人も必要である。工学や農学の分野で新製品や新技術の開発に努めて、人間生活をより豊かにし、かつ暮らしやすくする技術者も必要である。現在の日本は若者の間で医学の分野に人材が集中しすぎており、逆に医学以外の理系の分野でやや人材難が生じている。その主たる原因の1つはここで明らかにしたように、医者の人生が優遇されており、医者以外の理系の人が不遇にあることによる。

5 政策はあるのか

医学以外の理系の分野に、優秀な若者を呼び込む政策はあるのだろうか。理・工・農といった学問を専攻した人が、もう少し不満のない人生を送れるようにすることが、重要な政策と考えられるので、そのことを論じてみたい。なお、小・中・高校の教育段階で、児童や生徒が、理科や数学の勉強にもっと興味をもってもらえるような教育方法に改善することも肝要であるが、それは教育学プロパーの専門家におまかせして、ここでは理系の人の処遇を中心に論じてみよう。

第1に、産業別の平均賃金を調べると、製造業は一部の金融サービス業と比較してかなり低いことは、よく知られている。理系出身者が多く就職する産業

なので、このままであれば、優秀な理系の人を引きつけることは困難である。製造業全体として平均賃金を上げる努力が必要である。

第2に、理系の人は管理職よりも専門職に就きたい人が多いが、企業でも役所でも専門職は一段下、という認識があるので、専門職の賃金を管理職より低くしているのが一般的である。これだと専門職の人の勤労意欲の減退につながるので、もう少し専門職の賃金を上げる必要がある。

第3に、専門職の人に対して、能力・実績主義による評価制度をもっと鮮明にして、大きな仕事をした人にはかなり高い賃金を支払うようにする。それは管理職よりもかなり高くてよい。有能な専門職が果たす役割は研究・開発の分野で一段と高まっているし、それが社会や企業に貢献する度合いは高くなっている。新製品や新技術の開発によって、特定の企業の業績が格段に伸びた例はいくつもある。これに貢献した理系の人に大いに報いることによって、理系の人のインセンティブを高めるとともに、その人達に夢と希望を与えることが大切である。当然のことながら失敗の場合もある。このような人には再チャレンジの機会があるようにしたいものである。

第4に、理系の人にも約3割程度の管理職指向の人がいる。企業や役所はこれらの人が誰であるかを発掘して、文系の人と同様に昇進競争の中で競い合う機会を与えることも必要である。場合によっては理系特有の業務を離れて、営業・経理・人事・総務などの文系特有の業務に就いてもらうことがあってよい。理系の人がこのように自分の職務を180度変えることができることは、文系の人にとって不可能なことなので、恵まれた選択できる立場にいると気づけば、勇気をもてるのではないか。

第5に、大学教育では文系の学生よりも理系の学生が、実験などがあって勉学に励んでいる程度が強い。逆に言えば、理系の学生からすると文系の学生は勉強せずに学生生活を楽しんでいると映る。大学生活を楽しもうとすれば、理系への進学にとまどいがある。このことは本末転倒のことなので、大学当局は文系の学生も勉学に励むように仕向ける必要がある。

第6に、同様のことは入学試験においてもあてはまる。理系の入試では文系よりも受験科目の多いことがあるので、負担の少ない文系への指向が高まっている。入試科目の負担を文系・理系の間で差のないようにする。この政策は文

系において、科目数を増加することによって対応すべきと考える。ついでながら、少子化の時代を迎えて各大学、特に私立大学は受験生を確保するために、入試科目の負担を減少させつつある。このことは高校生と大学生の学力低下を助長するので正しい政策ではない。

　第7に、国公立大学ではそうでもないが、私立大学では理系の学費が文系よりも高い。これはコストがかかるのでやむをえないことであるが、理系への国費補助額を増加することによって、文系と理系の間での学費差を小さくする必要がある。

　似たことは大学院教育でもあてはまる。理系では大学院修了が普及しているが、これは現代では高度な学識を理系が必要としていることによる。大学院時代の学費負担を学生だけに押し付けるのは、技術や研究における人材養成の点からも不合理である。大学院生への奨学金制度などの学費支援策を強化せねばならない。

第 4 章

学部選択の要因分析

1　理工系学部を選択する人はどのような人か

　高校を卒業し大学に進学する人は、どの大学に進学するかということに加えて、どの学部を専攻するかという選択に直面する。本章ではどのような人がどのような学部を選択するのかということに注目したい。学部選択に関して、しばしば「理工系離れ」ということが指摘されている。「理工系離れ」という問題が提起されてから久しいが、この傾向は加速こそすれ、改善の方向性は現状では全くみえない。このような状況に対して、理工系離れを食い止めるための政策が行われていないわけではないが、成果が出ているとは言い難い。

　また、前章でも理工系学部出身者が出世に関して不利な条件に甘んじているということを示した。このような状況下において、どのような人が理工系学部を選択するのであろうか。そもそも、どのような要因によって自分の専攻を決定するのであろうか。もちろん自分の興味や将来の夢を実現するために自分の専攻を決定するのであるが、自分の興味や将来の夢を形成するのは、小学校から始まる学校教育、家庭環境、親の属性などが影響していると考えられる。そこで本章では、どのような家庭環境や親の属性といった要因が子どもの学部決定に影響を与えるのかということを分析したい。

　本章でははじめにマクロのデータを用いて、各学部の在籍者数がどのように推移しているかをみる。次に大学生を対象にしたアンケートを使用して、本人がどのような理由でその学部を選択したかを分析する。最後にネットアンケートによる調査から、回答者の親の属性、家庭環境などが回答者の学部選択にどのように影響したか、さらに回答者の属性、家庭環境などが回答者の子どもの

73

学部選択にどのように影響するかを考察することで、親から本人を経由して子どもへと3世代にわたる要因を分析したい。

2 先行研究のサーベイ

学部選択要因を親の階層・属性や家庭環境の観点から分析した研究は、ほとんど存在しない。しかしながら、学歴と社会階層に焦点を当てた研究は、教育社会学の分野において、先行研究が存在する。それらの研究では、親の所得や社会階層と学歴の相関に注目している。

学部に着目した先行研究として、岩村(1996)はいくつかの大学・学部の収益率を計算している。その結果、文系は大学に進学することで得られる期待収益率が高く、理系は文系に比べて期待収益率は低いが、分散が小さいということを実証している。原・松繁・梅崎(2004)は、文学部女子を対象に、就業選択や賃金決定の問題について Heckman 2 段階推定法を用いて分析している。また、医学部に限定した研究としては以下のものがある。Nicholson(2002a)やNicholson(2002b)では、診療科の期待収益率がアメリカの医学部の学生の診療科選択に影響を与えていることを実証している。また Gagne and Leger(2005)は、診療科ごとの所得の差が診療科選択に影響を与えていることをカナダの医師を対象に分析した。日本においても医者の所得は診療科目によってかなり異なっている（例えば、橘木・森(2005)参照）。そこでは、眼科、美容整形科、糖尿病科などで高所得が目立っていた。

本章では、これらの研究と異なり、学部選択に家庭的環境が影響を与えていることを検証する。このことを検証することを通じて、階層による学校選択だけでなく、理系、文系といった専門分野の選択にも、親子間で継承があることをみていきたい。

3 学部選択の全体的傾向

各年度における学部ごとの大学1年生の人数を表したのが図4‒1である。顕著に減少しているのは、経済学部、工学部、法学部である。経済学部では、

第4章　学部選択の要因分析

図4-1　関係学科別学年数の推移（大学1年次学年数・年度別）

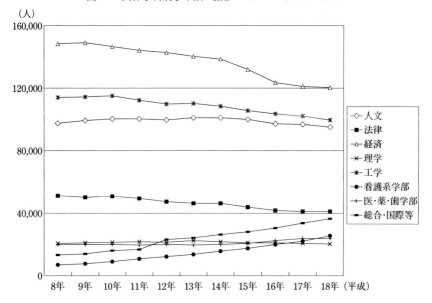

平成8年には148,288人の大学1年生が存在したが、平成17年では120,961人となっており、20％近く減少している。同様に法学部でも平成8年と平成17年を比較すると、20％近く減少している。一方、工学部でも10％の減少となっている。ここからわかることは、工学部から社会科学の学部に学生が流出しているわけではなく、むしろ社会科学系の学部も同様に学生の減少に悩まされている。これはサラリーマンになる人の多い法、経、工学部では、不況の影響を受けて就職が困難であったことも一因である。一方、人文、理学部では、大きな変化は見られない。逆に増加したのは看護系の学部やその他学部に分類される総合科学や国際関係論などの学部である。

　つまり、「学校基本調査報告書」による集計データの分析の結果、工学部だけではなく法学や経済学部といった社会科学系の学部においても同様に学生の減少という傾向が観察された。一方、増加傾向にあるのは、看護系学部や総合科学や国際関係論といった学部であり、実学志向や学際系の学部に人気が集まりつつあると考えられる。もっとも、このデータはどのような学部に学生が入学しているのかということだけしかわからず、学生が実際にどのような理由で

大学・学部を選択しているのかということは分析できない。そこで、次節では大学生に大学選択理由に関してアンケートを行った結果を学部ごとにみていくことにする。

4　大学・学部選択の要因

　大学生はどのような要因で学部を選択しているのであろうか。ベネッセ社が2001年に調査したデータ「大学満足度調査」（回答数 n＝15,495）を用いて考察したい。その結果が表4‐1に記されている。

　特徴的なのは経済学部である。自分が進学した大学を選択した理由として、「入試の難易度があっている」などの「A.入試条件重視」や、「伝統や知名度がある」といった「C.イメージ優先」や、「就職状況がよい」といった「D.実利優先」や、「自宅から通える」といった「E.ロケーション重視」などは、他の学部と比較すると多い。一方で、「専攻したい学問分野がある」といった「B.学びの条件重視」は、全学部の中で最も低くなっている。経済学部では進学して何を学びたいかということを考える人は他の学部と比べると圧倒的に少なく、逆に大学に合格するための戦略とか、大学ブランドとか、大学卒業後のことを学部選択要因として考えている。

　他の学部に関してもみていきたい。「とりたい資格・免許」がとれるなどを挙げている人は、保健、医歯、薬学部、教育、生活学部の人が多い。これらの大学・学部に進学した人は、看護師、医師、薬剤師、教員、栄養士等の資格を取得することを目的とするからだと思われる。法学部は、経済学部と同様に「C.イメージ優先」の傾向があるが、経済学部とは異なり「A.入試条件重視」や「D.実利優先」といった傾向はみられない。

　本章のテーマの1つである理系離れを分析するに際して、工学部や理学部を大学生が選択した理由を考察していきたい。まず工学部は、経済学部と同様に「入試の難易度があっている」という項目への回答が他の学部と比較すれば多くみられ、大学に合格するための条件重視という傾向がみられる。また、経済学部と同様に「就職状況がよい」といった回答も多く、卒業後の要因も選択要因として重視している傾向がわかる。つまり、大学に入るための戦略や大学卒

表4-1 学部選択の理由について

	全体	人文	社会	法	経済	外語	国際	教育	生活	総合	芸術	保健	医歯	薬	理	工	農水
A 入試条件重視	130	123	105	148	158	111	115	119	97	127	80	86	143	102	138	152	141
1 入試難易度	80	76	68	94	97	60	64	75	51	73	38	49	88	56	80	100	89
2 入試科目	50	47	37	54	61	51	45	45	46	54	42	37	54	46	58	51	51
B 学びの条件	269	283	307	209	162	323	309	282	359	287	383	379	306	362	272	229	291
3 専攻したい学問分野	150	165	189	116	71	231	212	149	191	185	222	136	129	123	175	150	202
11 施設・設備	18	12	16	18	20	18	28	3	13	20	22	41	8	17	20	25	13
4 有名な教授	7	6	5	10	5	8	10	5	2	9	33	9	5	3	9	8	9
5 専攻したい	9	10	9	6	5	19	15	9	9	15	38	9	4	5	14	9	14
10 大学院	2	2	1	1	1		0	1	2	1	2	2	2	2	8	5	5
19 取りたい資格	49	43	47	11	11	15	15	97	122	25	18	170	150	203	17	12	22
8 校風	34	46	40	48	49	31	30	18	21	33	48	12	9	8	30	20	26
C イメージ優先	70	70	67	103	105	65	65	49	37	68	83	24	50	24	69	76	60
7 伝統や知名度	37	38	35	62	60	49	30	21	22	34	48	9	16	10	33	39	32
6 総合大学	18	15	14	22	22	24	22	17	3	16	22	10	31	10	23	27	18
12 イメージ	15	17	18	19	24	15	13	11	11	18	13	5	3	4	13	10	10
D 実利優先	44	34	38	40	65	42	25	56	33	33	13	50	45	52	40	56	34
9 就職状況	18	11	17	18	33	8	11	6	22	14	4	23	11	29	11	27	8
16 授業料が安い	26	22	21	21	32	35	14	50	10	19	9	27	34	22	29	29	26
E ロケーション重視	82	85	79	95	105	72	83	89	73	79	39	55	53	59	76	83	73
13 自宅から通える	58	63	60	68	75	47	53	63	50	56	19	43	36	42	50	55	49
18 親元から離れられる	15	13	13	14	17	17	20	18	11	14	18	10	6	8	17	18	18
14 都会にある	9	9	6	13	13	8	9	7	11	9	9	2	2	8	10	10	6
その他	4	5	3	5	5	3	3	5	1	5	2	6	3	2	5	5	2
15 サークル	3	4	3	4	4	3	2	4	1	4	1	4	2	1	5	3	2
17 公的・私的奨学金	1	1	1	1	1	0	1	1	0	1	1	1	1	1	0	0	0

注) 数値は、重視する順に第1選択を3倍、第2選択を2倍、第3選択を1倍した合計点。網掛けは全体集計値の+20%以上。

出所) ベネッセ文教総研「学生満足度と大学教育の問題点」2001年度版 p.42

業後の就職条件などを重視している点は経済学部と工学部で共通している。

　しかしながら、経済学部を選択する人と工学部を選択する人に相違点もある。先ほど述べたように経済学部や法学部を選択した人は、「伝統や知名度がある」といった「C.イメージ優先」を志向しているのに対して、工学部を選択した人は「施設・設備がよい」や「大学院が整備されている」といった大学で学ぶ内容やそのための条件も考慮していることがわかる。理学部は学びの条件のうち、「施設・設備がよい」ことよりも「有名な教授、優秀な教授陣がいる」や「専攻したい学問分野を専門とする教員がいる」ことを重視している。工学部は施設等のハード面を重視するのに対して、理学部は教員などのソフト面を重視している。

5　家庭環境要因が学部選択にどのように影響するのか

　先ほどは、大学生に対するアンケートを使用して、大学生自身がどのような理由で学部を選択したのかということをみてきた。もっとも大学生に対して直接的に選択した理由を聞いており、背後にある家庭環境などの要因を考察することはできない。そこで、「階層化する日本社会に関するアンケート調査」を用いて、家庭環境などが学部選択にどのような影響を与えるかということを考察したい。

　使用するデータは、第1章においても使用したデータである、平成16年度科学研究費補助金（基盤研究(A)「格差の世代間移転と意欲促進型社会システムの研究」）で実施された「階層化する日本社会に関するアンケート調査」の個票データである。

　本章では、大学進学者のうち、どのような家庭環境の人が大卒理系を選択するのかということに焦点を当てる。このため、サンプルを大卒以上に限定した。被説明変数を理系であることや医学部系であることとした多項ロジット分析にて推定を行った。多項ロジット分析とは、被説明変数の選択肢が3つ以上存在し、選択肢に順番がない場合に使用する分析手法である。つまり、本章の分析のように、被説明変数の選択肢が「人文社会系、理工系、医学系」の3つとなっており、これらには順序がないために、この手法を用いて分析を行うことに

78

する。

　はじめに、多項ロジット分析について、説明を行いたい。サンプル i が選択肢 j を選ぶことによる効用を以下のように書くことができる。

$$U_{ij} = x'_i \beta_j + \varepsilon_{ij}$$

今回のケースでは、選択肢が人文社会系の学部を選ぶ、理工系を選ぶ、医学系を選ぶという 3 つであり、j＝0,1,2 が存在する[1]。サンプル i が選択肢 j＝2 を選ぶ確率を以下のように書くことができる。

$$\Pr(y_{i2} = 1) = \Pr(x'_i \beta_2 + \varepsilon_{i2} > x'_i \beta_0 + \varepsilon_{i0}, \ x'_i \beta_2 + \varepsilon_{i2} > x'_i \beta_1 + \varepsilon_{i1})$$

多項ロジット分析では、第一種極値分布を用いている。このために、以下のように書くことができる。

$$\Pr(y_{i2} = 1) = \frac{e^{x'_i(\beta_2 - \beta_0)}}{1 + e^{x'_i(\beta_1 - \beta_0)} + e^{x'_i(\beta_2 - \beta_0)}}$$

これを用いて対数尤度関数を設定して、最大尤度を求めることによって、パラメータ β を計算することができる。

　説明変数は、男性ダミー、年齢、父親や母親の学歴・専攻、父親や母親の職種、15 歳ときの階層意識、小学生のときの算数の好感度、小学生のときの一般的な成績である。父親や母親の職種は、「あなたが中学 3 年生の頃を思い出して下さい。ご両親の職種は次のうちのどれでしょうか」という設問を父親と母親について聞いている。選択肢は「1.専門職（医師、弁護士、教員）、2.技術系の職業（エンジニア）、3.管理的職業（課長相当職以上）、4.事務・営業系の職業（一般事務）、5.販売職・サービス職（店主、店員）、6.技能・労務・作業職（工員、警察官）、7.芸術家（作家、音楽家、画家）、8.農林漁業、9.その他」であり、このうち「1.専門職（医師、弁護士、教員）、2.技術系の職業（エンジニア）、3.管理的職業（課長相当職以上）」をホワイトカラーダミーとする。

　算数の好感度とは、「小学 5 〜 6 年生の頃——あなたは子どもの頃、算数が好きでしたか」という設問に対して、選択肢は「1.非常に好きだった、2.まあまあ好きだった、3.どちらともいえない、4.あまり好きではない、5.嫌いだっ

表4-2 記述統計量1

	男性		女性	
	平均	標準偏差	平均	標準偏差
理系	1.512	0.560	1.269	0.533
男性	1.000	0.000	0.000	0.000
年齢	36.208	12.068	37.702	11.837
長子ダミー	0.598	0.491	0.60	0.490
父親理系	0.147	0.354	0.196	0.397
母親理系	0.034	0.182	0.024	0.152
大卒（父親）	0.386	0.487	0.460	0.499
大卒（母親）	0.147	0.354	0.172	0.378
ホワイトカラー（父親）	0.438	0.496	0.516	0.500
ホワイトカラー（母親）	0.082	0.274	0.115	0.319
15歳時社会階層	3.020	0.917	3.324	0.922
小学生のときの算数好感度	3.922	1.159	3.781	1.247
小学生のときの成績	4.225	0.990	4.466	0.791
サンプルサイズ	907		506	

表4-3 記述統計量2

	男性		女性	
	平均	標準偏差	平均	標準偏差
理系	0.309	0.462	0.310	0.463
男性	0.601	0.490	0.511	0.501
子どもの数	2.115	0.690	2.322	0.541
ホワイトカラー（父親）	0.404	0.491	0.377	0.485
ホワイトカラー（母親）	0.092	0.289	0.072	0.259
世帯所得	2.021	0.560	1.993	0.584
短大卒（父親）	0.054	0.227	0.039	0.193
大卒（父親）	0.439	0.497	0.460	0.499
短大卒（母親）	0.240	0.428	0.235	0.425
大卒（母親）	0.200	0.401	0.202	0.402
都市居住	0.218	0.414	0.202	0.402
小学生のときの算数好感度	3.662	1.174	3.745	1.158
小学生のときの成績（一般的）	4.045	0.984	4.133	0.936
サンプルサイズ	514		329	

た」である。この選択肢を数値が高くなるほど好感度が高くなるように数値を逆にして使用する。このため、数値が高くなると算数が好きであることを意味する。小学生のときの一般的な成績とは、「小学5～6年生の頃——あなたの成績はクラスの中でどれくらいでしたか」という設問に対して、「1.上のほう、2.やや上のほう、3.真ん中のあたり、4.やや下のほう、5.下の方」という選択肢を先ほどと同じく、数値が高いほうが成績の良くなるように数値を逆にする。記述統計量は表4‑2、表4‑3のように示される。

6　親の属性が本人に与える影響について

全体サンプル

　次に推定結果について述べたい。大卒以上の人のうちで、文系を選択した人、理系を選択した人、医歯薬系を選択した人ではどのように異なるのかということを分析した。その結果が表4‑4である。

　全体サンプルについて考察したい。文系を選択した人を基準とする。理系については以下のとおりである。男性ダミーは有意に正であることから、女性に比べて男性のほうが文系でなく理系を選択している。また、父親が大卒理系という変数が有意に正であることから、父親が大卒理系であると、子どもは文系ではなく理系を選択する傾向がある。これが親の教科に関する好みについての遺伝的要素（DNA）が、子どもに移転するとみなせるのか注意深い考察が必要とされよう。また、母親がホワイトカラーであると、子どもは理系を選択する傾向にある。小学生のときの算数の好感度は正に有意である。つまり、算数が好きであると理系を選択する。一方、算数の好感度をコントロールすると、小学生のときの成績は負に有意となる。いいかえると、算数の好感度が同じであるならば、小学生のときの一般的な成績に関しては低い層が理系を選択する傾向にある。

　次に医歯薬系の選択する要因について考察したい。先ほどと同じく、文系を基準とする。父親が理系ダミーは有意水準10%で正に有意であり、父親が理系であると医歯薬系を選択する比率が高くなる。また、母親大卒ダミーは有意水準10%で正に有意であることから、母親が大卒であると医歯薬系の選択を行う

表4-4　推定結果1（1）全体

	理系		医歯薬系	
	係数	限界効果	係数	限界効果
男性ダミー	1.297	0.260	0.061	-0.009
	(0.144)***		(0.319)	
年齢	-0.012	-0.002	-0.040	-0.001
	(0.005)**		(0.015)***	
長子ダミー	-0.081	-0.019	0.165	0.005
	(0.125)		(0.318)	
父親理系	0.584	0.127	0.676	0.014
	(0.201)**		(0.395)*	
母親理系	0.140	0.023	0.656	0.022
	(0.409)		(0.590)	
父親大卒	-0.182	-0.043	0.308	0.010
	(0.164)		(0.446)	
母親大卒	-0.008	-0.011	0.815	0.029
	(0.208)		(0.432)*	
父親ホワイトカラー	0.176	0.033	0.595	0.015
	(0.133)		(0.338)*	
母親ホワイトカラー	0.466	0.110	-0.201	-0.009
	(0.215)**		(0.507)	
15歳のときの階層意識	-0.073	-0.147	-0.136	-0.003
	(0.073)		(0.209)	
小学生のときの算数の好感度	0.599	0.128	0.368	0.005
	(0.070)***		(0.154)**	
小学生のときの成績（一般的）	-0.178	-0.039	-0.012	0.001
	(0.077)**		(0.224)	
サンプルサイズ		1413		
疑似 R^2		0.12		
疑似対数尤度		-977.59		

注1）有意水準：1%***　5%**　10%*とする。
　2）右側は限界効果であり、括弧内は robust な標準誤差である

傾向にある。さらに、父親がホワイトカラーであることは、医歯薬系の選択する比率を高める要因となる。小学生のときの算数の好感度に関しては、小学生のときの算数の能力は正に有意であることから、算数の好感度が高いと医歯薬系の選択を行う傾向にある。

男性・女性サンプル

　先ほどは大卒以上の人を対象にして、理系、医歯薬系、文系を選択する要因を考察した。その結果、両親の学歴や職業、小学生のときの科目に関する選好によって子どもの専門が決定されることがわかった。ただ、両親の属性や小学生のときの教科に対する好感度が子どもにあたえる影響に関しては性差が存在することも考えられるため、本人の性別によってサンプルを分割して推定を行った。本人が男性である場合の結果が表4-5で、女性である場合の結果が表4-6である。

表4-5　推定結果1（2）男性

	理系		医歯薬系	
	係数	限界効果	係数	限界効果
年齢	-0.006	-0.001	-0.029	-0.001
	(0.006)		(0.018)	
長子ダミー	-0.113	-0.028	-0.041	0.000
	(0.149)		(0.427)	
父親理系	0.838	0.180	1.510	0.035
	(0.245)***		(0.554)***	
母親理系	0.714	0.158	1.079	0.021
	(0.506)		(0.753)	
父親大卒	-0.441	-0.105	-0.282	-0.002
	(0.187)**		(0.658)	
母親大卒	-0.113	-0.041	0.940	0.032
	(0.249)		(0.561)*	
父親ホワイトカラー	0.049	0.011	0.087	0.001
	(0.159)		(0.451)	
母親ホワイトカラー	0.321	0.083	-0.346	-0.009
	(0.262)		(0.646)	
15歳のときの階層意識	-0.025	-0.007	0.046	0.001
	(0.087)		(0.318)	
小学生のときの算数の好感度	0.651	0.156	0.504	0.005
	(0.082)***		(0.195)**	
小学生のときの成績（一般的）	-0.129	0.032	0.035	0.002
	(0.088)	(0.296)		
サンプルサイズ		907		
疑似 R²		0.09		
疑似対数尤度		-666.56		

注1）有意水準：1%***　5%**　10%*とする。
　2）上段は限界効果であり、括弧内は robust な標準誤差である

表4-6　推定結果1（3）：女性

	理系		医歯薬系	
	係数	限界効果	係数	限界効果
年齢	-0.027	-0.003	-0.047	-0.001
	(0.010)***		(0.023)**	
長子ダミー	0.016	0.000	0.418	0.011
	(0.250)		(0.493)	
父親理系	0.094	0.014	-0.174	-0.005
	(0.339)		(0.557)	
母親理系	-1.351	-0.116	0.089	0.007
	(1.248)		(1.175)	
父親大卒	0.504	0.063	0.937	0.026
	(0.324)		(0.651)	
母親大卒	0.197	0.023	0.732	0.025
	(0.358)		(0.693)	
父親ホワイトカラー	0.456	0.054	1.310	0.036
	(0.260)*		(0.566)**	
母親ホワイトカラー	0.629	0.100	-0.242	-0.009
	(0.352)*		(0.815)	
15歳のときの階層意識	-0.143	-0.018	-0.320	-0.009
	(0.140)		(0.261)	
小学生のときの算数の好感度	0.527	0.069	0.318	0.007
	(0.139)***		(0.235)	
小学生のときの成績（一般的）	-0.400	-0.053	-0.133	-0.002
	(0.167)**		(0.377)	
サンプルサイズ		506		
疑似 R^2		0.09		
疑似対数尤度		-295.83		

注1）有意水準：1%***　5%**　10%*とする。
　　2）上段は限界効果であり、括弧内は robust な標準誤差である

　はじめに男性について考察したい。理系の選択に関しては、全サンプルの時と同様に父親が理系であることや、小学生のときの算数の好感度が高いと理系を選択する傾向にある。医歯薬系に関しても、父親が理系であることや小学生のときの算数の好感度が高いと理系を選択する傾向にある。

　次に女性について考察したい。理系に関しては、父親・母親がホワイトカラーであることが有意水準10%で有意に正となる。小学生のときの算数の能力は有意に正である。つまり、男性・女性ともに算数の能力が高い（算数が好きであった）とき、その後理系を選択する割合が高くなる。一方、小学生のときの

成績は有意に負となる。算数の能力をコントロールすると小学生のときの成績は低い方が理系を選択する。医歯薬系に関しては、父親がホワイトカラーであると、子どもは医歯薬系の学部を選択する傾向にある。

要約すると、以下のようになる。理系や医歯薬系を選択する人は、父親が理系であることや本人が小学生のときに算数が好きであるといった要因に強く影響されることが示された。一方で、両親が大卒であるか、15歳のときの社会階層などの変数は学部選択に対する影響は弱いことも示された。また、男性のほうが理系を選択する傾向があるものの学部選択に与える要因に大きな男女差は見られず、男性・女性ともに父親が理系であるか、本人が小学生のときに算数が好きであったかという要因が強く影響されることが示された。

7 本人の属性が子どもに与える影響について

先ほどは、回答者の文系・理系・医歯薬系の選択が親のどのような属性に依存するかということを分析した。次に回答者の子ども（すなわち孫の世代）が学部選択に関して、回答者のどのような属性に依存するかということを分析したい。そうすることで、親から本人を経由して子どもへと至る3世代の分析が可能となる。そこで、子どもが大卒理系を選ぶか大卒文系を選ぶかを被説明変数としたプロビット分析をして、親のどのような属性が子どもの選択に影響するかをみていくことにする。

被説明変数は、「あなたのお子さまの性別と現在通われている学校または最後に行かれた学校についておたずねします。一番年長のお子様から順にお答えください」という設問の第1子と第2子のサンプルを使用した。選択肢のうち「大学（国公立理系）、大学（私立理系）」を1、「大学（国公立文系）、大学（私立文系）」を0とするプロビット分析[2]を行った。

説明変数は、子どもの性別ダミー、子どもの数、世帯所得、職種、学歴、都市居住ダミーに加え、小学生のときの算数の好感度（回答者）と一般的な成績（回答者）である。もし、これらの係数が有意であるならば、回答者の算数の好感度は本人の専攻の選択を左右するだけでなく、子どもの専攻の選択をも左右することになる。推定結果は、表4-7に示される。

表4-7 推定結果2

	第1子	第2子
男性ダミー	0.160	0.115
	(0.041)***	(0.053)**
子どもの数	0.003	0.027
	(0.030)	(0.047)
父親ホワイトカラー	0.065	0.168
	(0.049)	(0.064)***
母親ホワイトカラー	0.049	0.075
	(0.075)	(0.103)
世帯所得	-0.077	-0.043
	(0.044)*	(0.049)
短大・高専卒（父親）	0.097	0.310
	(0.091)	(0.144)**
大卒（父親）	-0.074	-0.115
	(0.048)	(0.059)*
短大・高専卒（母親）	0.098	0.052
	(0.057)*	(0.070)
大卒（母親）	-0.044	0.073
	(0.061)	(0.085)
都市居住ダミー	-0.014	0.027
	(0.049)	(0.066)
算数の好感度（親小学生のとき）	0.045	0.046
	(0.022)**	(0.027)*
成績（親小学生のとき）	-0.013	-0.028
	(0.025)	(0.035)
サンプルサイズ	514	329

注1）有意水準：1%***　5%**　10%*とする。
　2）上段は限界効果であり、括弧内はrobustな標準誤差である

　第1子に関しては、次のような結果となった。男性（子どもの性別）ダミーは有意に正となる。この結果は、本人の学部選択の時と同様に、大学進学者のサンプルに限っても男性は女性よりも理系学部に進学する確率が高くなる。世帯所得に関しては有意に負となる。一般的に文系と理系を比較すると、授業料は文系の方が安い傾向にある。しかしながら、むしろ第1子に関しては、所得の低い人が子どもを理系に通わせている傾向にある。学費が高いにもかかわらず所得が低い層が理系に進学させる傾向にあるのは、教育を投資とみなすという実学志向によるものであると考えられる。さらに父親の小学生のときの算数

に対する好感度が正に有意となっている。つまり、親が小学生のときに算数が好きであると答えた場合、本人が理系に進学するということだけでなく、子どもが理系を選択する確率も高めている。

次に第2子の文系理系の選択に関しても、考察したい。男性ダミーは第1子のときと同様に正に有意となる。他の変数でコントロールしても、男性は女性と比較して理系学部に進学することが頑健な形で実証できる。また、父親がホワイトカラー層であることは正に有意となる。つまり、父親がホワイトカラー層であると、第2子は理系に進学する傾向にある。そして、父親が大卒以上であると子どもは文系に進学する傾向にある。注目する変数としては、第1子のときと同様に親が小学生のときに算数が好きであると、子どもは理系に進学する確率を高めている。ただしこの結果から、算数の能力が親子間で遺伝すると結論づけるのは早計であろう。なぜならば、親の算数が好きであるという要因が子どもに影響する経路としては遺伝による能力の継承だけでなく、親の好みが家庭環境を通じて子どもに影響するという経路も考えられるからだ。どのような環境要因であるのかということに関しては、今後の課題である。

8　本章で示したことと今後の課題

本章では、個人が学部を選択するのは家庭環境要因に影響されるのかということを考察してきた。マクロデータを用いて、理系離れが進行している状況をみてきた。その結果、一般に指摘されているように理系離れが特に工学部を中心にして進行していることがわかった。もっとも、工学部に進学しなくなった人が文系学部に進学するようになったというわけではない。文系学部によっても増加率に差があることがわかる。看護学部などの保健系の学部は、増加傾向にあるが、経済学部や法学部は停滞傾向にある。実態は、理系離れという単純なものではなく、学部によって増加傾向に差があるといった方が正確である。

次にベネッセ社が大学生を対象に実施したアンケートを利用して、大学生が学部を選択するときに何を重視したかということを学部ごとに分析した。その結果、経済学部を選択した人は「B.学びの条件重視」を重視せず、「A.入試条件重視」、「C.イメージ優先」、「D.実利優先」、「E.ロケーション重視」とい

うことを重視する傾向にある。工学部は入学前の「A.入試条件重視」や、卒業後の「D.実利優先」を重視する一方で、「B.学びの条件重視」も重視する傾向にある。もっとも、不況であり企業が採用を控えている状況下では、就職条件といった「D.実利優先」傾向の強いこれらの学部に対する人気が低下し、資格志向を反映して、看護系の学部に進学する傾向が強まってきたと考えられる。

　最後に理系文系を選択する背景を分析するために、家庭環境等が理系と文系を選択することに影響しているのか、しているとすればそれはどのような要因かということを考察した。特に興味深い結果は、算数の好感度は自分自身の学部の選択に影響するだけでなく、自分の子どもの学部の選択にも影響することである。親の算数の好感度がどのような理由で子どもの学部選択に影響するのか、ということについては今後の課題となる。

　　註
　　1) 人文社会系を基準としているので、理系ないし医学部系は人文社会系と比較してどうか、ということがわかるのが、多項ロジットの特徴である。
　　2) プロビット分析については第6章で説明を行っている。

第 5 章

誰が子どもを私立に通わせるのか

1　子どもの学校選択を分析する 2 つの目的

　1989年に合計特殊出生率が1966年の丙午が原因による1.58を下回ったことにより、「1.57ショック」として少子化の問題が注目を集めたが、その後も出生率は低下の傾向となり、2005年には1.25を記録した。このような少子化の進行にもかかわらず、あるいは子どもの数が少ないからこそ、義務教育期である小中学校に私立学校が参入する傾向が見られる。例えば、関西では、同志社大学は2006年に附属小学校として同志社小学校を、立命館大学も同年に立命館小学校を開校した。関東では、明治以来の伝統を誇る慶應幼稚舎（慶應小学校）をはじめ、成蹊、青山、学習院など既に数多くの私立小学校が存在していた。このような現象に着目し、どのような親が子どもを私立に通わせるのかということをみていきたい。第 2 章では、私立大学のことを分析したが、本章では私立の小中学校に着目する。

　小中学生のときの子どもの学校選択を分析する目的は、以下の 2 つにある。1 つには、子どもの学校選択に親のどのような要因や属性が影響するのかを分析することを通じて、次のことを明らかにすることである。最近、所得格差の拡大が問題になっているが、この問題に対して「自由主義経済においては、結果の不平等はある程度仕方のないことである。問題は結果の不平等が機会の不平等につながらないことである」という論者も多い。しかしながら、第 1 章では親の階層が子どもの学歴に影響し、さらに、子どもの年収も左右することを示した。本章では、結果の不平等が機会の不平等につながっているのか、という問題意識のもとで、小中学生の子どもの学校選択に親のいかなる要因が影響

89

するのかを検証したい。

　もう1つには、いじめ、校内暴力、学力低下、教員の不祥事などが学校教育の問題として指摘され、特に公立の小中学校に批判が集中している[1]。さらにゆとり教育のために私立の学校と公立の学校の格差が大きくなりつつあり、それが子どもを私立に通わせることを促進しているという指摘もある[2]。このような認識の下で、小中学校を指定された特定地域の学校に通う学区制ではなく、親の選択によって決定されるべきであるという意見がある。平成18年12月25日に規制改革・民間開放推進会議から「規制改革・民間開放の推進に関する第3次答申」が示された。そのなかで、2つの教育改革案が提示されている。第1に、児童生徒ひとりひとりの能力・適性は様々であることを根拠として、児童生徒数を基準に教育予算を学校に配分する教育バウチャー制度の実施である。第2に、教員の資質向上のため、従来のように教育委員会や校長による教員評価だけでなく、学習者による評価を中心に据えた教員評価システムと教員適格性判定のための審判制度の構築である。

　しかしながら、実際に小中学生の子どもを持つ親はどのような要因で、子どもを公立ではなく、私立や国立の小中学校に通わせているのかということを分析した研究は少ない。本章では、公立学校に対する意識の変化が子どもを私立に通わせることを促しているのではないかと考え、検証を行う。この検証を通じて、バウチャー制度などの制度変更がどのような効果を持つか考察する手がかりを与える。具体的には2つの仮説を提示し、検証を行いたい。第1に、現在の公立学校に対する何らかの不安や不満が子どもを私立に通わせるという仮説である。第2に、親の所得、学歴、就業状態が義務教育期の子どもの学校選択に影響するという仮説である。

2　家計調査報告でみる所得階層と子どもの学校

　親は子どもが小学校に行く段階になると、1つの選択を迫られる。子どもを私立に通わせるかどうかという選択である。もちろん、国立という選択もあるが、本章では私立、国立対公立で区分したい。その理由は、本章の目的は義務教育期において、公立を選ばずに他の選択肢を選んでいるという意味で、私立

第5章　誰が子どもを私立に通わせるのか

と国立で教育に対する意識が共通していると考えられるからである[3]。

　私立や国立の小学校に通うには、遠距離通学をしなければならないことが多いが、公立の場合には地元が多いので、通常は徒歩通学である。小学生の世代でこの通学方法の違いは大きいことが予想されるので、あえて私立なり国立を選ぶのは強い希望があってのことと予想される。しかも、私立の場合には高い授業料負担が加わるので、一層の強い希望がないと私立を選ばないのではないだろうか。

　子どもを私立や国立に通わせるかどうかの選択で、一般的にありうると思われる要因は既に述べたようにやはり親の所得であろう。そこで総務省「家計調査年報」のデータを使用して、所得階層と子どもの学校選択の関係を見ることにする。図5-1は勤労世帯の所得5分位ごとの小中学校に占める私立学校在学者の割合[4]である。

　図5-1で示されるように、平均でみても、1996年には2.5％強であったのが、2004年には3.1％を超えて、緩やかではあるが上昇傾向にあることから、私立小中学校の在学者割合が増加していることがわかる。立命館や同志社を始めとした学校法人が、少子化の状況下で小学校を設立したのは、このような背景が

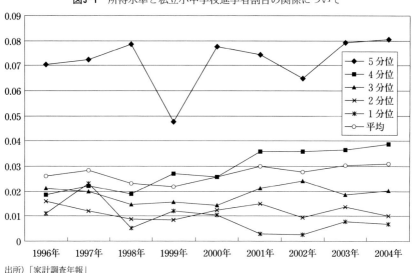

図5-1　所得水準と私立小中学校進学者割合の関係について

出所)「家計調査年報」

存在することが理由であると推測される。

　所得階層別でみると、所得第5分位層が子どもを私立小中学校に通わせている比率が他の所得階層と比較して際立っている。例えば、第4分位と比較しても1999年と2002年を除いて、2倍以上の開きがあり、1998年に至っては4倍の差がある。所得第5分位は年度によっても異なるが、だいたい年収1000万円以上の層である。つまり、年収1000万円を境にして、子どもを私立小中学校に通わせる比率が格段に高くなる。逆に、所得階層第1分位から第4分位に関していえば、年収が高い層になるにつれて、子どもを私立小中学校に通わせる比率は高くなる傾向があるが、順序が逆転する年度も存在する。このため、年収が1000万円を超えると比率が高くなることは「家計調査年報」からはっきりと読み取ることができるが、年収が低ければ低いほど私立小中学校に通わせることができなくなるとまでは、断言できない。だだし、注目すべきは、2000年以降は所得階層と私立に子どもを通わせる比率に正の相関が存在し、近年その傾向が顕著となっていることである。

3　先行研究のサーベイ

学校外教育投資に関する先行研究

　片岡(1998)は、文化投資と学校外教育投資が持つ高等教育機関進学への効果を分析することで、教育を通じた社会階層の再生産の問題を考察している。具体的には、最終学歴や中学3年生の時点での成績を被説明変数として、父母学歴、文化的経験、学校外教育投資、きょうだい数などを説明変数としてパス解析を行っている。その結果、文化的経験や学校外教育投資と教育や進学達成との相関は男女間で異なるとしている。女性は文化的経験が進学達成に強い効果を有しているのに対して、男性は学校外教育投資が進学達成に強く影響していると片岡は主張している。一方、近藤(1998)は、学校外教育投資の効果に関して、父親の教育や職業をコントロールしても有意性は消えず、時間的にも安定しているとするが、これは塾に通うことが社会階層を拡大させる結果になることを示しているのではなく、通塾が学業成績への効果を期待できるために学校外教育投資が普及したことを示しているとする。

第5章 誰が子どもを私立に通わせるのか

　社会階層が子どもの教育にどのようなメカニズムで影響を与えているかに関する研究として、盛山・野口(1984)がある。そこでは学習塾や家庭教師のような学校外教育投資の効果ではなく、父母の学歴、所得、職業が学力に直接的に関係していることが論証されている。

　所得階層の違いが教育投資に与える影響を分析した研究として永瀬・長町(2002)が存在する。そこでは、豊かな世帯ほど教育に高い投資をすることから世帯間格差があることを示し、同時に地域間格差も広がっているとした。さらに、1984年と1994年を比較して、高等教育に占める私立学校在籍者の割合が上昇したことから、公教育の不振を実証的に示した。

学校選択に関する先行研究

　学校選択に関する先行研究については、以下のものが存在する。日本でもバウチャー制度について、規制改革・民間開放推進会議が導入の検討を提言したこともあり、注目が集まった。教育バウチャー制度とは、国は学校に補助金を支払うのではなく、保護者や子どもに教育を目的とした「クーポン」を渡し、保護者や子どもはそのクーポンを使用して、自由に学校を選択することが可能になる制度である。

　バウチャー制度や学校選択の効果について、海外ではいくつかの実証分析が存在する。Hoxby(2000)では、公立学校の自由な選択は、生徒の質の向上につながり、さらに生徒1人あたりの教育支出を減らし、学校の生産性を向上させることが可能になることを示した。また、その効果について、低所得者と高所得者の間で有意な違いは見られなかった。Hoxby(2002)は、学校自由選択制が先生の努力、大学の質、理数系の能力を向上させることを示した。一方、Ladd(2002)は、全国規模のバウチャー制度には効果がないとしている。

　また、私立と公立の学校教育の差が存在する理由として、親の階層による効果であるのか、私立学校の質の効果のためであるのかということを分析した研究が存在する。Coleman et al.(1982)は親の階層だけでは私立学校の効果を説明できないとする。一方、Murnane et al.(1985)は、この論文を選択バイアスを考慮できていないと批判する。Neal(2002)は、カソリック私立中学校の生徒の高校、大学卒業率や将来の賃金に与える効果を分析した。また、Ne-

93

chyba(2006)では、初等教育における私立と公立の教育の成果の違いがどのようなメカニズムで生じているかということに関する先行研究を包括的にサーベイしている。

　先ほどは、海外の研究を中心にサーベイを行ったが、今度は私立小中学校と公立小中学校の選択に関して分析を行った日本の先行研究が存在するので、それらを見ていくことにする。松浦・滋野(1996)は、家計調査と貯蓄動向調査(1986年～92年)の個票データを用いている。子どもがどのような学校選択を行ったか（私立 or 公立）を世帯年収、世帯資産、父親の職業、母親の職業、父親の年齢、母親の年齢、子どもの性別、住居地域、持ち家の有無等によって説明することを試みている。さらに、子どもを塾に通わせることと、私立に通わせることに関係があるかを検証している。その結果、親の所得や職業が義務教育段階での学校選択に影響し、特に持ち家で所得と社会的地位が高い階層ほど公立校よりも私立校を選択している。また、塾の選択と私立校の選択は同時決定ではなく、独自になされていると主張する。

　学校選択制や教育バウチャー制の研究ではないが、武内・中谷・松繁(2006)は、学校週5日制が導入されたことにより、補習教育費が上昇したという仮説を「消費生活に関するパネル調査」のデータにより検証している。その結果、相対的に高い所得階層では、学校週5日制が導入される前の1994年と比べて、導入後の1997年では補習教育費が増えていることを実証している。この実証結果に基づいて、所得格差による教育機会の不平等の存在を指摘し、その対処法として公教育の充実を主張している。しかしながら、これらの研究では、実際に小中学生の子どもを持つ親の、現在の公立学校に対する不満と学校選択の関係を分析対象としていない。

　貞広(1999)は学校選択制が公立小中学校にどのような影響を与えるかということを分析するために、仮に日本で公立小中学校に学校選択制が導入されたらどのような選好により学校を選択するかということをアンケート調査している。そのうえで、ランク・ロジット分析を行っている。その結果、公立小中学校の選好に関しては、親職・親学歴ともに学校選択に有意な影響は見られず、むしろ地域の学校に対する不満の有無、選択する学校に望む教育内容の特色、子の性格イメージ、子の性別といった属性が小学校と中学校ともに影響するとして

いる。もっとも、これは仮想の状態に対するアンケート調査であり、実際の選択ではない。さらに、公立小中学校の学校選択ということもあり、家計の所得という要因を分析対象としていない。

　そこで、先行研究が説明変数としていた親の所得階層や、子どもの性別、子ども数、居住地域に加えて、親の公立学校に対する意識や、学歴の効果に対する意識を説明変数に入れることで、個人属性だけでなく、親の教育観が子どもの学校選択にどのように影響するのかを分析したい。

4　公立学校教育不満仮説

　それでは、義務教育期間である小中学校の時期に子どもをあえて私立に通わせるのは、どのような理由があるのだろうか。西村(2003)は、公立中学が避けられている理由を次のように説明する。第1に、高校受験のときに合否判定の資料として、受験の点数だけでなく中学校時代の日ごろの成績を記した内申書を用いる場合がある。都道府県によっては、内申書のウエイトが非常に高いところもある。このため、内申書を通じて先生の監視下におかれてしまう。第2に、主要科目の授業時間が少なすぎる、第3に勉強内容の程度が低く、密度も薄すぎる、第4にいじめや校内暴力から子どもが守られる保証がないという4つを挙げている。

　図5-2には、自分が小中学生であった頃の公立学校と現在の公立学校で、義務教育が以下のものを満たしているかについて、質問を行った結果が示されている。質問項目は、自分が子どものときの公立小中学校と現在の公立小中学校の状態について、「基礎学力を身につけること、ひとりひとりの学力や興味に応じた指導を受けること、教師の質、いじめ、不登校、校内暴力などの学校問題への対応、学費が安いこと」の5つの項目に対して、「1.十分満たされている、2.ある程度満たされている、3.どちらともいえない、4.あまり満たされていない、5.ほとんど満たされていない」を選択する方法である[5]。図5-2はこれらの質問項目に対する、回答者の平均値である。左は自分が子どものときの公立小中学校の状態についてであり、右は現在である。数値が高い方が不満を持っていることが示される。

図5-2　社会全体の義務教育に対する認識

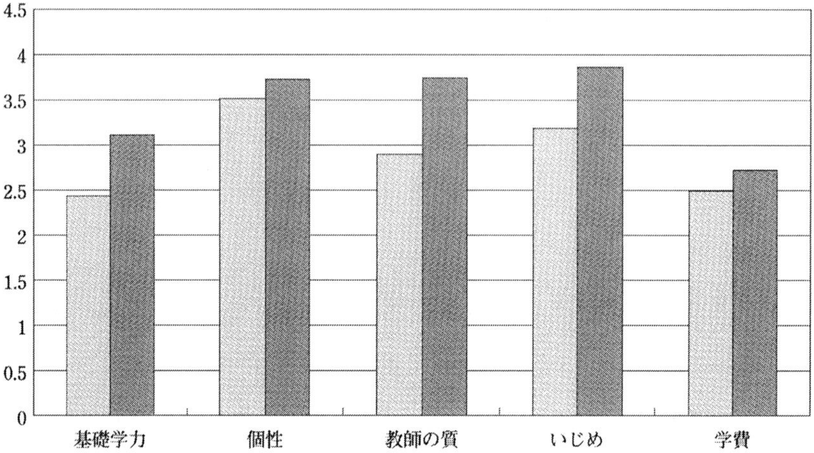

注）左側が「自分が小中学生であったころ」で、右側が「現在」である。
出所）「階層化する社会に関するアンケート調査」

　使用するデータは、先ほどと同じ基盤研究Ａ「格差の世代間移転と意欲促進型社会システムに関する研究」（研究代表者・橘木俊詔）において、2005年11月に実施された「階層化する社会に関するアンケート調査」の個票データである。

　図5‐2から次のことがわかる。まず、どの質問項目も過去と比較して、現在では平均値が上昇している。例えば、基礎学力についてみてみたい。自分が小中学生であったころの場合は大体2.5弱であるため、平均的には「2.ある程度満たされている」と、「3.どちらともいえない」の間ぐらいの評価であったのに対して、現在の値は3を越えているので平均的には満たされていないと考える人の方が満たされると考える人よりも多いことがわかる。つまり現在の教育に対する不満が高まっている。ただし、一般的に過去と現在を比較すると、現在の問題点は目につきやすく、逆に過去を美化する傾向も否定はできないために、この結果のみから現在の教育が過去と比較して全般的に問題があると断言できない。むしろ、どの質問項目で不満の増加率が高いのか、言いかえると、過去と比較して、教育のどのような側面に対して、不満を募らせているのかを分析する必要がある。

96

変化率に注目すると、昔に比べて現在の教育に対して不満があまり増加していないのは個性に合わせた指導と、学費が安いことの2つである。逆に、いじめに対する教師の対応、教師の質、基礎学力などの項目は、昔と比べて現在の教育に対する不満がかなり増加している。個性に合わせた指導に対する不満の増加率の低さは、文部科学省が推進している「生きる力」を育むことを目的とした「総合学習」がひとりひとりの個性に合った教育を施していることで、不満の増大を食い止めていると解釈することも可能である。とはいえ、個性にあった教育に関してある程度は満たされていると感じているが、そもそも義務教育段階での個性教育をたいして重要視していない可能性もある。学費に関しては、現在の義務教育に対する不満足度は相対的に低く、平均値が唯一3以下となっている。3以下ということは、平均的には満たされているという評価が、満たされていないという評価より上回っていることを意味する[6]。

もっとも、教育支出は学費だけではないので、教育支出に対する家計の負担が低いとは限らない。例えば、公立学校の学費が安くても、公立学校の教育に不満や不安を持つために、塾や私立小中学校に通わせるならば、家計に占める教育支出の比率は大きくなり、負担は増す。さらに、公立小中学校に不満を持つにもかかわらず、収入の低さのために私立へ通わせることができない層が存在するならば、公立小中学校に不満を持ち、子どもを私立小中学校に通わせる層との間で、機会の平等が保証されているといえない。

そこで、公立小中学校に対する不満が私立小中学校を選択する要因となっていることを検証したい。さらに、公立小中学校に対するどのような不満が、子どもを塾に通わせることを促進しているのか論じたい。

5　親の属性依存仮説

仮説1は親の現在の公立学校に対する意識が学校選択に影響するという仮説であったが、仮説2は親の所得、学歴、就業状態という属性が学校選択に影響するという仮説である。親の所得に関しては、確かに高い方が私立に通わせる傾向が強まるが、「家計調査年報」を見てもわかるように、単純に所得が高くなれば子どもを私立に通わせるわけではない。本章のデータを用いても、親の

所得と子どもを私立に通わせる比率の相関は高くない。ただし、「家計調査年報」においても、最も高い所得階層である第5分位では他の層と比べても極端に私立に通わせる比率が高くなることが示されている。本章では、第5分位とほぼ同じ水準である、世帯年収1千万以上であるという変数をダミー変数として用いる。また、学歴に関しては、両親の学歴が高いと教育熱心となり、子どもを私立に通わせる要因となると考えられる。そして、父親と母親のうち、どちらの要因の方が強いかということも分析する。就業状態に関しては以下の点に注目する。

　母親が専業主婦であるならば、子どもに教育投資を積極的に行うのではないかということを検証したい。なぜならば、専業主婦を選択する理由の多くは、家事や教育に専念するためであることが多い。このため、専業主婦を選択する人は、教育問題をより重要視する層であると考えられる。そこで、専業主婦の人は子どもを私立に通わせる傾向にあるという仮説を検証したい。同じような問題意識を持った先行研究として、本田(2005)がある。本田(2005)では、子どもがいる女性を対象にして、教育に対する意識と母親の無職、非典型雇用、典型雇用の選択の関係を分析している。

6　モデルとデータの説明

　今までは2つの仮説の説明を行ってきたが、以下ではこれらの仮説を検証していきたい。まず、仮説1を検証するために、基礎学力を身につけること、ひとりひとりの学力や興味に応じた指導を受けること、教師の質、いじめ、不登校、校内暴力などの学校問題への対応といった不満が私立小中学校を選択することに影響するのか、影響するならばどの変数が私立と公立を分ける要因となっているのかをみていきたい。また、仮説2を検証するために、世帯年収、父親の学歴、母親の学歴などを使用する。コントロール変数として、親の年齢、子どもの数、子どもの性別を用いる。

　使用するデータは、「階層化する社会に関するアンケート調査」であり、このなかの子どもが小中学校に通っているサンプルを用いる。

　被説明変数を「子どもを私立や国立の小中学校に通わせること」と「子ども

を塾に通わせること」とした2変量プロビットモデル（bivariate probit model）を推定した。2変量プロビットモデルとは、以下のような考え方に基づいている。子どもを公立ではなく私立または国立小中学校に通わせていることと、子どもを塾に通わせていることは相互に影響を与える可能性が考えられる。その場合、内生性の問題が発生する。この問題に対処するための方法として、2つの方程式の攪乱項に相関 ρ が存在することを考慮したモデルが2変量プロビットモデルである。

　被説明変数としては、「子どもを私立や国立の小中学校に通わせる」人を1、そうでない人を0とする離散変数 y_1、「子どもを塾に通わせる」人を1、そうでない人を0とする離散変数 y_2 の2つを用いる。この2つの被説明変数（離散変数）が1をとる確率を同時推定する2変量プロビットモデルを分析手法として使用する。

$$\begin{cases} y_1{}^* = x_1\beta_1 + \varepsilon_1 \\ y_2{}^* = x_2\beta_2 + \varepsilon_2 \end{cases}$$

　誤差項 ε_1、ε_2 は、平均が0、分散1の結合正規分布にしたがうと仮定する。ε_1 と ε_2 の相関係数は ρ で表される。また、$y_1{}^*, y_2{}^*$ は離散変数 y_1, y_2 が決定される上でのベースとなる潜在変数を表す。観測される離散変数と観測されない潜在変数との関係は、以下の式のように特定化される。$\rho \neq 0$ の場合、$P(y_1 = 1, y_2 = 1)$ は以下のような関数で表現できる。

$$P(y_1 = 1, y_2 = 1) = P[y_1^* > 0, y_2^* > 0] = P[-\varepsilon_1 < x_1\beta_1, -\varepsilon_2 < x_2\beta_2]$$
$$= \int_{-\infty}^{x_1\beta_1} \int_{-\infty}^{x_2\beta_2} \phi(z_1, z_2, \rho)\, dz_1 dz_2 = \Phi(x_1\beta_1, x_2\beta_2, \rho)$$

上記のような分布関数を用いて対数尤度関数を設定し、尤度を最大化するパラメータ β を求めることで、2変量プロビットモデルによる係数を求めることができる。

　しかしながら、誤差項の間で相関がない（$\rho = 0$）という帰無仮説は棄却されなかった。子どもを私立や国立に通わせることと、塾に通わせることは同時決定でない。つまり、2変量プロビットモデルではなく、プロビットモデルを使

用するのが妥当であることが示された。この結果は、滋野・松浦(1996)と一致する。

　プロビット分析とは、被説明変数が 0 か 1 かという 2 値変数であるときに用いる方法である。例えば仕事をしている、していないという選択はどのような要因によって決定されているかということを分析するときに用いる。今回は、公立の小中学校ではなくて、私立や国立に通っているのは、どのような要因が影響しているかについて分析したい。それは以下のような確率モデルによってあらわされる。

$$y_i{}^* = x_i\beta_i + \varepsilon_i$$
$$y_i = 1 \quad \text{if} \quad y_i{}^* > 0$$
$$y_i = 0 \quad \text{if} \quad y_i{}^* \leq 0$$

$y_i = 1$ となる確率と、$y_i = 0$ となる確率は以下のようになる。

$$\mathrm{P}(y_i = 1) = \mathrm{Pr}(y_i{}^* > 0) = \mathrm{Pr}(\varepsilon_i > -x_i\beta) = F(x_i\beta)$$
$$= \mathrm{P}(y_i = 0) = \mathrm{Pr}(y_i{}^* \leq 0)$$

また、対数尤度関数を以下のように書くことができる。

$$\log L = \sum_{i=1}^{n} y_i \log F(x_i\beta) + \sum_{i=1}^{n} (1 - y_i) \log F[1 - (x_i\beta)]$$

分布 F を正規分布として、尤度関数を最大化するパラメータ β を求める。

　$y_i{}^*$ はサンプル i の学校選択を示した潜在変数であり、y_i はサンプル i の観察される学校選択行動である。1 であれば私立や国立を選択しており、0 であれば公立を選択している。x_i は説明変数ベクトルであり、本章では親（回答者）の年齢、学歴、年収、教育に対する意識や子どもの性別、子ども数などを用いる。こうすることで、これらの説明変数が実際に子どもの学校選択に影響を与えているかについてのデータによる分析が可能になる。

　国立小中学校をどのように扱うかに関して、公立に含めるべきだと考えもある。しかし、本章は、公立の義務教育に対する意識と公立を回避する理由の関係に注目することを主眼におくために、国立と私立を一緒にする。さらに、子どもが塾に通っている場合は 1 として、そうでない場合は 0 とするダミー変数

第5章　誰が子どもを私立に通わせるのか

を被説明変数とした推定モデルも分析したい。これらを分析することで、公立学校外の教育を行っている層の属性や意識を検証することが可能となる。

　説明変数について述べたい。図5‐1からわかるように、世帯年収第5分位はその他の世帯年収層と比較すると、子どもを私立小中学校に進学させている比率が高い。「家計調査年報」の第5分位は、年度によって変化するが、大体年収1000万円以上である。そこで、説明変数は年収1000万円以上を1として、1000万円未満を0としたダミー変数を用いる。また、子どもの性別が学校選択を決定する可能性があるので、男の子を1として女の子を0とするダミー変数を用いる。また、子どもの性別だけでなく、子どもの数も学校を選択する要因になるであろう。例えば、子どもの数が多いと、子ども1人あたりに出費する教育支出を押さえざるを得なくなり、そのために私立ではなく、公立を選択することが推測される。さらに、親の様々な属性が子どもの学校選択に影響することは十分に考えられる。そこで、両親の年齢、職業、学歴をコントロールしたい。両親の学歴は、大卒・院卒を1とし、それ以外を0とする変数を用いる。この変数を用いることで、両親が中卒・高卒・短大卒と比較して、大卒・院卒の場合、子どもを私立小中学校に進学させる割合が高くなるのかを検証する。

　公立小中学校に対する不満度は、基礎学力、いじめ・不登校・校内暴力に対する学校問題への対応等に対して、現在の義務教育と自分が小学生の頃について、それぞれ満たしているかを5段階で聞いているため、これを用いる[7]。先ほど使用した質問項目の数値を使用して、現在の義務教育に対する評価の値を自分が小学生のときの義務教育の評価の値で引いたものを変数として使用する。つまり、「教育に対する不満上昇＝現在の義務教育−自分が小学生のとき」と定義する。例えば、現在の義務教育に対しては、「4.あまり満たされていない」として、自分が小学校のときの義務教育については、「2.ある程度満たされている」と回答した場合は、値が4−2＝2となる。このような変数を説明変数として用いることで、自分が小学生のときと比べて、現在の義務教育に対して不満度が上昇している人は、子どもを私立小中学校に通わせているのではないかという仮説を検証する。

　記述統計量が表5‐1に記されている。子どもが私立もしくは国立の小中学校に通っている人は、約4.5％存在している。年収1000万円以上の人は10％強

表5-1　記述統計量

	標本数	平均	標準偏差	最小値	最大値
私立進学ダミー	781	0.045	0.207	0	1
年収1000万円以上	781	0.120	0.326	0	1
両親の年齢	781	38.631	5.480	23	71
子どもの性別	781	0.516	0.500	0	1
持ち家	781	0.700	0.458	0	1
父親大卒以上	781	0.315	0.465	0	1
母親大卒以上	781	0.120	0.326	0	1
子どもの数	781	1.967	0.688	1	5
専業主婦	781	0.452	0.498	0	1
現在－昔（基礎学力）	781	0.503	1.123	-3	4
現在－昔（教師の質）	781	0.557	1.377	-4	4
現在－昔（いじめ）	781	0.177	1.280	-4	4
現在－昔（個別対応）	781	0.159	1.120	-4	4

存在し、平均年齢は約38.6歳であり、50％弱が専業主婦の家庭であり、父親が大卒以上の人は30％を超え、母親が大卒以上は10％超である。子どもの数は2人を下回る。これらの変数だけに限定するとサンプルにネットアンケート特有の偏りは見られない。

7　誰が子どもを私立や国立の小中学校に通わせているのか

　被説明変数を「子どもを私立や国立の小中学校に通わせること」として、プロビット推定をした結果が表5‐2である。

　世帯年収が1000万円以上の層は子どもを私立小中学校に通わせる比率が高くなる。子どもの数の係数は負であることから、子どもの数が増えると子どもを私立小中学校に通わせる比率が低くなる。子どもの数が少ないと、1人あたりの教育支出が増える。さらに、子どもの数が少ないと、1人の子どもに期待する度合いも強くなると推測される。今後も子どもの数が減少していくと、大きな期待と出費が子どもに振り向けられるであろう。本章の実証結果もそのような状況を示している。子どもの性別は、有意ではないが係数は負である。松浦・滋野(1996)では有意に負であり、その理由として、女子の方がいじめ回避等の教育の質に対する選好や、受験戦争の早期の終了（エスカレーター式進学）

第5章 誰が子どもを私立に通わせるのか

表5-2 推定結果1（子どもを私立に通わせるかどうか）

	(1)	(2)	(3)	(4)
年収1000万円以上ダミー	0.640	0.604	0.612	0.623
	(0.218)***	(0.215)***	(0.214)***	(0.211)***
年齢	-0.139	-0.128	-0.132	-0.142
	(0.088)	(0.085)	(0.087)	(0.085)*
年齢2乗	0.002	0.002	0.002	0.002
	(0.001)*	(0.001)*	(0.001)*	(0.001)*
第1子男子ダミー	-0.074	-0.072	-0.065	-0.074
	(0.169)	(0.170)	(0.168)	(0.170)
夫学歴	-0.187	-0.138	-0.147	-0.154
	(0.179)	(0.182)	(0.180)	(0.181)
妻学歴	0.586	0.588	0.568	0.588
	(0.197)***	(0.197)***	(0.197)***	(0.197)***
子どもの数	-0.337	-0.355	-0.354	-0.331
	(0.137)**	(0.141)**	(0.140)**	(0.140)**
妻無職ダミー	0.486	0.515	0.488	0.507
	(0.181)***	(0.175)***	(0.177)***	(0.177)***
基礎学力	0.151			
	(0.079)*			
先生の質		0.138		
		(0.070)**		
いじめ			0.119	
			(0.075)	
個別対応				0.148
				(0.082)*
定数項	0.964	0.806	0.964	1.072
	(1.910)	(1.890)	(1.903)	(1.890)
対数尤度	-122.50	-122.26	-123.18	-122.72
擬似R²	0.143	0.144	0.138	0.141
サンプルサイズ	781	781	781	781

注1）有意水準：*10%；　**5%；　***1%
　2）robustな標準誤差を使用した。

の希望が強いことを挙げている。また、全数調査である「平成17年度学校基本
調査報告書」でも私立小学校に在籍する生徒数は、男子が28,384人であるのに
対し、女子が42,566人である。私立中学に関しても、男子が114,039人である
のに対し、女子が128,467人であり、いずれも女子の方が多い。

　仮説1を検証すると、基礎学力は有意水準10％で有意に正であった。つまり、
基礎学力を身につけることに関して、昔と比べて現在の公立小中学校は十分に

103

その役割を果たしていないと考える人は、子どもを私立小中学校に通わせていることがわかる。義務教育期における基礎学力に対して不満が高まると、私立小中学校に子どもを進学させる確率が高まる。教員の質に関しても、有意に正であった。このため、教員の質に関して、昔と比べると十分に確保されていないと感じると、私立小中学校に子どもを進学させる確率が高まる。一方で、いじめに対する学校の対応に対する不満は私立と公立との選択に影響を与えていない。

公立学校は制度上画一的な教育が行われるが、私立学校は各学校で独自性を有し、個性を伸ばす教育ができると一般的にはいわれている。また、彼らは問題を有する子どもを退学させることができる私立の方が、公立よりもいじめが少なく安心であると主張する。しかし、本章の実証結果によれば、現行の公立小中学校に対して、基礎学力を身につけることや教員の質に関して不安な層が、私立小中学校に子どもを進学させている。

また、個人属性に関して最も注目すべきことは、母親が専業主婦である場合、子どもが私立小中学校に通う傾向にある。その理由は、母親が専業主婦であると、子どもを教育するための時間的資源を多く持ち、教育に対して積極的となるからであると考えられる。さらに、母親が大卒以上である場合も有意に正である。一方、父親が大卒以上であることは有意にならない。これらを勘案すると、子どもを私立小中学校に通わせる要因として、父親の属性よりも母親の属性の方が強い影響力を有すると考えられる。

図5‐1で示された結果と図5‐2の結果を併せて解釈すると、以下のことが示される。回答者が義務教育期にあったころと現在の義務教育を比較して、大きく満足度が低下したものは、教員の質と基礎学力を身につけさせることという項目であった。そして、これらの項目は親が私立か公立の選択に影響する項目であることが、表5‐2によって示された。こうした結果から、近年私立小中学校への進学率が上昇している要因の1つとして、教員の質に対する不満や基礎学力を身につけさせることに対する不安などが、子どもを私立小中学校に進学させていることを加速させていることがうかがわれる。そして、家族の客観的属性に関していえば、父親の職業や学歴といった属性よりも、母親の属性の方が影響力が強いことも明らかとなった。

第 5 章　誰が子どもを私立に通わせるのか

表5-3　推定結果 2（子どもを塾に通わせるかどうか）

	(5)	(6)	(7)	(8)
年収1000万円以上ダミー	0.444	0.423	0.437	0.428
	(0.163)***	(0.164)***	(0.164)***	(0.164)***
年齢	0.176	0.177	0.176	0.175
	(0.068)***	(0.067)***	(0.067)***	(0.068)***
年齢2乗	-0.002	-0.002	-0.002	-0.002
	(0.001)**	(0.001)**	(0.001)**	(0.001)**
第一子男子ダミー	0.081	0.077	0.075	0.081
	(0.094)	(0.094)	(0.094)	(0.094)
夫学歴	0.287	0.317	0.296	0.299
	(0.111)**	(0.112)***	(0.112)***	(0.112)***
妻学歴	-0.111	-0.119	-0.119	-0.114
	(0.154)	(0.154)	(0.155)	(0.153)
子どもの数	-0.044	-0.039	-0.048	-0.036
	(0.069)	(0.069)	(0.069)	(0.069)
妻無職ダミー	0.016	0.027	0.021	0.026
	(0.095)	(0.096)	(0.096)	(0.096)
基礎	0.043			
	(0.042)			
先生の質		0.091		
		(0.036)**		
いじめ			0.090	
			(0.038)**	
個別対応				0.094
				(0.042)**
定数項	-3.939	-3.942	-3.854	-3.891
	(1.361)***	(1.353)***	(1.358)***	(1.358)***
対数尤度	-491.01	-488.23	-488.71	-489.09
擬似 R^2	0.048	0.054	0.053	0.052
サンプルサイズ	758	758	758	758

注1）有意水準：*10%；　**5%；　***1%
　　2）robust な標準誤差を使用した。

　次に通塾の有無に対してどのような親の社会経済的な変数が影響するかということをみてみたい。その結果は、表5‐3に示される。年収1000万円以上ダミーは有意に正である。年齢は正で2乗の係数は負であり、有意である。つまり、親の年齢が高いほど、子どもを塾に通わせる傾向がある。夫の学歴が正に有意であることから、夫の学歴が高いほど子どもを塾に通わせる傾向があることがわかる。

公立の義務教育に対する意識の変数に関しては、以下の通りである。先生の質に関しては正に有意である。このため、昔に比べて現在の先生の質が落ちたと思う人ほど、子どもを塾に通わせている傾向にある。いじめに関しても正に有意である。さらに、昔と比べてひとりひとりの学力や興味に応じた指導を受けることができなくなったと感じている人が塾に通わせる傾向にあることがわかった。

8　学校選択制度との関係について

　前節の実証結果から、子どもを私立に通わせる要因には、親の所得や仕事などの家族属性だけでなく、公立学校に対する不信感が子どもを私立に通わせる要因になっていることがわかる。

　それでは、近年日本でも導入が検討されている学校選択制度や教育バウチャー制度についてどのように判断すべきであるか。このような制度に対して肯定的な立場として、教育バウチャー制度や学校選択制度により、親が自由に学校を選択することをさらに促進することで、学校間の競争を促進させて、教育の質を向上させるべきであるという意見が存在する。例えば、八代(2007)は以下のように主張する。現在の「義務教育は市場原則になじまないとする」思想を基本とした政策は、十分に親のニーズを汲み取っているわけではない。一方、私立学校や塾などは、より多くの生徒を確保するために競争を行い質の向上を目指している。その結果、学校外の学習塾の繁栄をもたらし、その結果、「義務教育の無償性」が形骸化している。この対策として、国による画一的な教育政策ではなく、教育サービス利用者のニーズを反映した多様な公立学校を地域ごとに形成し、競争を通じた質の向上を目指すべきであるとする。

　たしかに、本章の実証結果でも、公立学校に対する不満が子どもを私立に通わせる要因となっていることが示されている。一方で、年収が1000万円未満の層は子どもを私立に通わせない傾向が観察される。教育問題を重視し私立に通わせたいが、年収が低いため公立学校に通わせている家庭が存在する可能性が考えられる。このため、学校選択制やバウチャー制により、学校を自由に選択できるコストを低くすることで、従来は子どもを私立に通わせたり、よい教育

第5章 誰が子どもを私立に通わせるのか

環境の地域に引っ越したりする余裕のなかった層にも学校選択の自由を拡充することで、学校側もよりよい教育サービスを提供するために努力し、その結果、教育の質が改善される可能性はある。

しかしながら、学校選択制やバウチャー制などの競争を通じた教育政策の問題として以下の3点が挙げられる。第1の問題は以下のものである。Hirschman (1970) は、ある集団の利害関係者がその集団に対して不満がある場合、2つの対処方法があるとする。1つは、その集団から離脱(Exit)する方法である。例えば、ある商品の品質や価格に対して不満がある消費者が、その商品ではなく、別の会社の商品を購入するなどが挙げられる。もう1つは、発言(Voice)である。つまり、その集団に対して不満を述べたり、抗議することである。例えば、商品に不満がある消費者はその会社にクレームを述べるなどが挙げられる。Exit-voice モデルの応用例として、労働組合の役割がある。すなわち、労働者の不平・不満を声として労働組合が吸い上げて、それをうまく経営側と交渉して解決すれば、労働者は企業を離職しない確率が高まるのである（これに関しては、Freeman and Medoff (1984) を参照）。

ハーシュマンは、発言と離脱という概念を使って、公立学校に問題が生じたときに改革を行うことの難しさを指摘する。公立学校にある問題が生じたとすると、教育サービスの受け手には2つの方法がある。代替的な選択である近くの私立学校などに子どもを通わせるという方法(Exit)と、公立学校にクレームを突きつける(Voice)がある。しかし、発言に比べて、離脱のほうがコストは低い。このため、公立学校に問題がある場合には教育サービスの受け手の離脱が行われる。つまり、私立学校に生徒が流出することになる。特に、教育問題に敏感な人が先に公立学校を離脱する。つまり、離脱という選択が存在すると、内部から学校の問題を解決するというメカニズムが失われやすくなる。

第2に、教育には外部効果が存在するという問題である。例えば、出来のよい子どもばかりが周囲にいる環境と、出来のよくない子どもが周囲にいる環境を比べたい。そうすると、出来のよい子どもがいる環境では、子どもたち同士でよい刺激を与えあうことで、教育効果がさらに上がる。逆も同様である。このことを「ピアグループ効果」という。このため、親たちが悪い学校であると認識すると教育熱心な親はその学校に通わせなくなることに加えて、ピアグル

107

ープ効果によってその学校の教育がさらに低下し悪循環に陥る。

　第3に、相対年齢効果がある。相対年齢効果とは、学年の中で生まれ月が異なることで、実質的な年齢が異なり、年長者の方がテストの点数などが高いという結果が生じることである。日本で当てはめて考えると、4月生まれの方が3月生まれの人よりも実質的には1年分の年長であるために、発育が進んでいる。特に、年齢が低いときの1年の違いは大きいことが容易にわかる。一般には、年齢が上昇するにつれて、相対年齢効果は小さくなるといわれているが、川口(2006)や川口・森(2007)では早期の学習能力だけでなく、最終学歴にも早生まれとそうでない人に差が出てくることが示された。

　このような効果により、早期の選抜は親子間の世代間格差を永続的にさせる可能性が有る。実際に、Bauer and Riphahn(2006)では、スイスのデータを用いて、早い段階の生徒の選抜は相対的に高学歴の親を持つ子どもにとって有利となり、教育格差の世代間移転につながることを実証している。

　前節では、公立学校に対する不満が子どもを私立学校の進学を促進していることが示された。一方で、Exit と Voice の理論、ピアグループ効果、相対年齢効果を考慮すると、早期における子どもの選抜には社会全体にとって弊害があることもわかる。そこで、以下のような教育政策が望ましいと考えられる。まず、教育問題を重視した富裕層のみが、私立もしくは、よい教育環境への引越しによって十分なサービスを享受できる状況をできるだけ避ける方策を考えることである。他方で学校を選択するコストを低下させることで、Voice 効果が弱まることや悪い意味でのピアグループ効果によって地域の公立学校の質の低下を抑える政策が必要になる。赤林(2007)が主張する、私立学校側の生徒に対する選択権を制約するという政策も1つであると考えられる。

　その一方で、荒井(2007)が指摘するように、いじめられても学校を変更できない閉鎖性は問題があり、いじめを受けたならば学校を変更できる制度は必要である。現状においても、いじめを理由とした学校の変更は可能である。しかし、荒井も指摘するように、いじめに起因する転校生であることが知れ渡ると転校先でもいじめられる可能性は高くなる。そのため、子ども（を持つ親）の学校選択権は十分に尊重されるべきであると考える。しかし、最も重要な施策は、どの学校においてもいじめをなくすということである。いじめがなくなれ

ば、少なくともこのことが私立か公立かという選択に際して、考慮の対象外となるからである。

9 本章から導かれる2つの政策的含意

　従来は、私立校と公立校の選択に関して、個人属性に基づいて分析することはあっても、子どもを取り巻く教育社会環境に対する認識がどのように影響するかといった分析は存在しなかった。本章はそこに注目し、私立校に子どもを通わせる親と、公立校に子どもを通わせる親に教育の現状についての認識や個人属性に、どのような差が存在するのか、ということを分析した。すなわち、公立校に対する不満の程度が、子どもを私立校に通わせているのではないかという仮説を検証したことがここでの貢献となる。

　また、格差社会の問題が人々の注目を浴びているが、一方で、「成功する人に対する嫉妬は望ましくない」と主張する人もいる。彼らの主張の背景に、適正なルールに基づいて成功を収めた人は賞賛に値し、結果の平等を主張しすぎると社会の活力がなくなるという信念が存在する。しかし、ルールが適正であるか再び問う必要がある。「家計調査年報」からもここでの実証からも、ある水準の所得を超えた人は、子どもを私立小中学校に通わせる比率が高くなる。これは、親世代の結果の不平等（すなわち所得の格差）が子世代の教育機会の平等を阻害していることの証左に他ならない。本章の結果に即していえば、基礎学力に関して、公立小中学校に対する不満を持っているにもかかわらず、世帯年収が低い層は、潜在的には私立小中学校で子どもの基礎学力への不安を除去したいにもかかわらず、教育支出に制約があるために断念している可能性がある。

　本章から導かれる政策的含意として、2つのことが挙げられる。第1に、奨学金制度の充実により、行きたい学校に金銭的理由によって学校選択ができない層をなくすこと、これには、先進諸国のなかにおいて対GDP比率で公共部門の教育支出が最低水準の日本では、公費支出をもっと増額しなければならない（例えば、橘木（2006）を参照）。第2に、公立小中学校に対する不満、特に教員の質を上げることや、少人数学級を達成することで基礎学力を子どもに身

につけさせるための政策を行政機関が責任を持って推進することで、公立学校に対する不満を除去することである。そして、この2つの政策は両立させることは難しいが、両立させる必要がある。なぜならば、第1の政策の推進は、ある学校からの離脱を容易にするため、その学校の問題を内部から発言という形で解決することを困難にさせる可能性があるからである。

　本章は義務教育期の私立校と公立校の選択の分析を行ってきた。しかし、私立校にも様々な性質がある。例えば、慶應義塾のように大学まで進学する人がほとんどのケースと、系列の大学を有さない学校、系列の大学を有しても、大多数が他の大学に進学する学校、それらの中間的な学校、大学進学率を誇る私立の中高一貫校など、多種多様である。しかも、私立でも小学校進学と中学校進学では動機も微妙に異なるだろう。私立校といっても、私立校の性質によって親の教育に対するニーズも変化するであろう。今後、私立校の性質に注目することで、さらに深い分析が可能となるが、それらは今後の課題である。

註

1) もちろん、これらの学校教育の問題は公立に特有の問題ではない。
2) このような批判に対して、文部科学省は2008年に指導要領改定案を発表し、ゆとり教育の見直しを行った。
3) 被説明変数を私立、公立、国立として、選択肢の数が3つ以上のときに使用する多項ロジット分析も考えられるが、国立のサンプルが小さいために本章では行わない。
4) 「家計調査年報」では、私立小学校と中学校それぞれの値が示されているが、本章では両者の加重平均を使用した。
5) わからないという回答は除外した。
6) 基数的な評価を前提としている。
7) わからないという回答は除外した。

第 6 章

人口の地域間移動と義務教育費国庫負担制度

1 「聖域なき構造改革」と義務教育費国庫負担制度

　2001年に成立した小泉政権は「聖域なき構造改革」を政権の基本方針とした。この構造改革の目玉の1つとして、「地方にできることは地方に」というスローガンの下で、三位一体の改革が推進された。この改革の1つとして、義務教育費国庫負担制度が改革された。本章は、義務教育費国庫負担制度がどのように行われているのかと、その改革の方向の妥当性を経済学の見地から考察することを目的とする。

　以下の構成は次の通りである。第2節では、義務教育費国庫負担制度の歴史的背景と、現在議論されている改革について述べる。第3節では、三位一体の改革に関して経済学ではどのように論じられているのかについて考察する。第4節では義務教育費国庫負担制度とは何かを説明する。

　第5節は、簡単なミクロ経済学分析を使って、この制度の効果について論じたい。その結果、地域間で教育投資のスピルオーバーが存在する場合、「囚人のジレンマ」のような状態が生じ、教育への過小投資があり得ることを示す。第6節は、集計データやミクロデータを用いて、地方から都市への人口移動に関して簡単な実証分析を行い、子どものときに地方に居住している人も県外の大学に進学し、その後も都市にとどまる傾向にあることを示す。第7節は、現行の制度も文部科学省の中央集権的な教育行政によって、地域の多様な教育行政が阻まれていることを考慮し、改革案として提示された「総額裁量制」について言及したい。第8節では、全体のまとめと、今後の教育行政がどのような方向に向かうべきか、また現在の議論で欠如している視点を指摘したい。

111

2 義務教育費国庫負担制度の変遷

義務教育費国庫負担制度は、国民の教育を受ける権利、子女に義務教育を受けさせる保護者の義務及び義務教育の無償という憲法及び教育基本法の理念に基づいて、国と地方自治体が役割分担をして、義務教育費を負担するという制度である。義務教育費国庫負担制度は1940年に創設され、シャウプ勧告により1950年度から1952年度の間、一時的に廃止されたが、全国知事会の要請もあり[1]1953年度に復活する。その後、国庫負担の範囲が広がる形で制度が変更されてきた[2]。

しかしながら、三位一体の改革の流れを受けて、2006年の義務教育費国庫負担法が改正され、その結果、国庫負担分が従来の2分の1から3分の1に引き下げられた。その一方で、「義務教育費国庫負担制度を堅持する」ことを明記することが決定された。

義務教育費国庫負担制度の改革はいわば玉虫色の結果である。前者に注目すれば、三位一体の結果、国から地方に権限が委譲されたとみることが可能であり、後者に注目すれば、引き続き教育費は国が責任を持つべきであるという決定が下されたと解釈できる。

3 三位一体の改革の経済学的意味

はじめに、三位一体の改革とは何か、そしてこの改革が義務教育費国庫負担制度とどのような関係を有するのかということを考察したい。三位一体の改革とは、地方分権を実効的に行うために国から地方に税源を移譲することを目的とした改革のことである。具体的には、（1）国庫支出金を削減し、（2）国税の一部を地方税とすることで、税源を地方に移譲する、（3）地方交付税交付金の改革を行うという3つを同時に実施することで、地方公共団体が予算を通じて国から規制される程度を減らし、地方が独自の政策をより多く行うことができるようにする。

1997年に地方分権一括法が成立し、2001年に施行された。これにより、中央

第6章　人口の地域間移動と義務教育費国庫負担制度

集権型の行政システムを作っている原因の1つと批判された機関委任事務が廃止され、自治事務と法定受託事務となった。機関委任事務とは異なり、自治事務や法定受託事務では国と地方の上下関係はなくなり、地方議会の権限が及ぶため地方分権が一歩前進した。しかし、これは権限の委譲であり、税源の移譲は行われなかったために、不十分であるという批判がなされた。このような批判を受けて、政府は三位一体の改革を推進している。三位一体の改革の1つである国庫支出金削減の対象として、義務教育費国庫負担制度が取り上げられ、この制度の存廃が議論となっている。

　国庫支出金とは、国が使途を指定して地方公共団体に交付する補助金、負担金、補給金のことである。対象となる事業は公共事業、社会保障、教育等、幅広い分野に及んでいる[3]。必要な公共サービスのナショナルミニマムを確保するために、国が地方公共団体に対して何に使うかを指定して交付するものであり、「特定補助金」とよばれる。一方、地方交付税交付金は原則として、使用目的が地方公共団体の判断に任せられているために「一般補助金」ともよばれている。特定補助金は地方公共団体の自由裁量で使うことのできない予算であるために、国のコントロール下に置かれてしまい、地方独自の政策を行うことが困難となり、地方自治の理念に反すると批判されている。そこで、国庫補助金を廃止して、代わりに税源を地方に移譲したり、特定補助金ではなく地方交付税交付金のような一般補助金にし、地方公共団体の裁量に任せ、地方の独自性を発揮できるような制度にするべきだという議論がある。このような特定補助金への批判の対象の1つに義務教育費国庫負担制度がある。

　この議論には論点が2つある。1つは、国が事業を行うことと、地方が事業を行うことではどちらがよいのか、もう1つは、特定補助金と一般補助金ではどちらがよいのかということである。結論を先取りしていえば、経済学の観点からは、原則として地方が事業を行い、補助金は一般補助金の方がよいとされているが、例外がある。義務教育費国庫負担制度の存廃に関していえば、後者の例外に当たる。そこで、このことを経済学的に示したい。

　原則としては国が事業を行うよりも、地方分権を推進して地方が事業の主体となる方がよい結果を生み、さらに、特定補助金よりも一般補助金の方がよいということを経済学にて説明したい。地方が事業を行う方がよいことを説明す

113

る理論として、ソフトな予算制約（Soft budget constraint）理論がある。この問題に関しては、赤井・佐藤・山下(2003)が詳細に論じている。また、フライペーパー効果を考慮すると、原則としては特定補助金よりも一般補助金の方が望ましいことを証明できる。フライペーパー効果とは、特定補助金により地方公共団体が提供するサービスの相対価格が歪められ、社会厚生が損われるという理論である。

林(1995)は、この問題を具体的な例を使って説明している。特定補助金によって、地方の予算編成が歪められているという批判があることを「1億円の財源があるとき、補助金の付かない単独事業では1億円の事業しかできない。一方、2分の1の補助金を持つ事業であれば、2億円の事業が可能となる。このような場合、たとえ住民のニーズの点で優先順位が低くても、地方の予算は補助事業に引っ張られる傾向にある」と指摘している[4]。しかし、この原則には例外が存在し、義務教育費国庫負担の場合は例外のケースであると考える。

4　義務教育費国庫負担制度をめぐる議論

第1節では、三位一体の改革を題材にして、地方分権が経済学的にどのような意味を持つかを分析した。本節では、三位一体の改革の1つである義務教育費国庫負担制度の廃止、一般財源化という問題を取り上げ、何が論点となっているのかをみていくことにする。

義務教育費国庫負担制度とは、「全国の義務教育水準の維持向上と教育の機会均等を保障するため、公立義務諸学校の基幹的職員の給料・諸手当に係る経費については都道府県がそれを負担することとされており、国は都道府県が負担する経費の2分の1を負担する義務を負う」[5]制度のことである。この制度の趣旨は、ナショナルミニマムである義務教育を確保するために、国が財政的な保障を行うことにある。

現在、義務教育費国庫負担制度の改革のなかで議論となっているのは、公立小中学校の教職員の人件費の負担責任である。全く対称的な立場から提示される2つの資料を読み解くことで論点を浮き彫りにしたい。一方は、中央教育審議会が平成17年10月26日に提示した「新しい時代の義務教育を創造する（答

第6章　人口の地域間移動と義務教育費国庫負担制度

申）」という答申（もっとも、中央教育審議会には地方6団体委員も参加しており、中央教育審議会の答申でも反対意見を主張しているため、正確に言えば、前者は中央教育審議会の多数意見）であり、もう一方は、地方6団体による「新しい時代の義務教育を創造する（答申）に対する意見」である。前者は義務教育費国庫負担制度を堅持すべきだという立場で、後者は義務教育費国庫負担制度を一般財源化すべきだという立場である。両者を検討することで問題点を検証する。

　中央教育審議会の立場を要約すると以下のようになる。憲法第26条の「すべて国民は、法律の定めるところにより、その能力に応じて、ひとしく教育を受ける権利を有する」という理念に基づき、教育機会均等、水準確保、無償制という義務教育の根幹は国の責務として保障する必要がある。すべての国民に地域格差のない一定水準の教育を保障する義務教育の充実は、格差拡大や階層化の進行を防ぐセーフティ・ネットとして、社会の存立にとって不可欠である[6]。このような基本理念のもとに、義務教育の根幹を維持し、国の責任を引き続き堅持するためには、国と地方の負担により義務教育の教職員給与費の全額が保障されるという意味で、現行の負担率2分の1の国庫負担制度は優れた保障方法であり、今後も維持されるべきである[7]、と結論づける。

　一方、地方6団体は以下のような主張である。憲法で定められた機会均等、水準確保、無償制といった義務教育の根幹は、国庫負担制度の存廃とは別の問題である。現行の負担率2分の1の国庫負担制度のもとでも教育面の財源が不足しているわけではない。また、地方の首長や地方議会に対しては、解職請求や解散請求の制度があり、常に住民の監視にさらされ、住民の審判が下されることになっており、国に比べ、格段に民意が反映される。その地域住民の最大の関心事は子どもの教育であって、地方行政において最も優先されるのは教育である。

　さらに、義務教育費国庫負担金全額の地方一般財源化がもたらす効果としては、①学級編制や教職員配置に関する国の基準を満たした上で、地方公共団体が当事者意識を持って、地域の教育環境や児童・生徒の実情に応じた学校配置、弾力的な学級編制や教職員配置が可能になる、②教職員に限らず、教育効果の高い外部人材の活用や外部委託、教材の購入・開発、教育関係施設の整備等の様々な取り組みに財政資源を効果的に配分できる、③義務教育に関する地方公

115

共団体の責任が住民に対して明確になり、多種多様な取り組みが促進される、④創意工夫が可能となることにより、さらに各地域における教育論議が活性化する、⑤交付申請や実績報告・検査などの事務に国・地方を通じて多くの労力や費用がかかっているが、国・地方を通じた事務の効率化を図ることができる、という5つの効果を主張する。

　これら2つの主張を要約すると、機会均等、水準確保、無償制といった義務教育の根幹を保障するために国の関与が必要であるという中央教育審議会と、一般財源化によって地域の実情に合わせた個性的な教育を試みることが可能となるとする地方6団体の主張が対立している。また、地方6団体は、教育水準の確保に関しては、住民の民主制によるコントロールがあるため心配はなく、現在の教職員の給与を地方公共団体が負担する制度でも財源面の不足はないので、一般財源化によって問題が生じることはないと主張する。

　私たちは、基本的に前者の立場が基本的には妥当であり、後者の考え方には問題があると考える。そこで、後者の主張のどこに問題があるかを次節以降で論じていきたい。

5　義務教育費国庫負担制度の意義と効果

　第1節で、原則として国が事業を行うよりも地方が事業を行い、特定補助金よりも一般補助金の方が良いが、例外が存在し、義務教育費国庫負担制度の場合は例外に当たるとした。そのように主張する理由を説明したい。赤井・佐藤・山下(2003)では、特定補助金が有用な場合として、(1) 地域間外部性が存在する、(2) 一国内で最低限の水準を保障することが公平性の観点から望ましいと判断されるサービス（メリット財）であることを挙げている。また、小塩隆士は、平成16年2月2日に行われた中央教育審議会初等中等教育分科会で「一般的には使途を明示しない一般補助金が望ましい。（中略）しかし、逆に特定補助金の方が望ましい場合がいくつかあり、その公共財の便益が他の地域にスピルオーバーするような公共財や、ナショナルミニマムとしての公共財の場合は、一般補助金として渡すと、長期的、国家的に見ると、公共財の提供が過小になる危険性がある」[8]と述べている。しかしながら、両者とも義務教育費

第6章　人口の地域間移動と義務教育費国庫負担制度

国庫負担制度が改革され、一般補助金になった場合に教育投資が減少するという具体的なメカニズムについて、経済学を用いて説明しているわけではない。そこで、簡単な経済学（ゲーム理論）によって一般補助金化された場合の問題点を説明したい。

　次のようなモデルを考えたい。A地域とB地域という2つの地域が存在すると仮定する。A地域、B地域では、子どもの教育投資に1の費用がかかるが、教育投資を行うと3の利得が得られるとする。これは単なる例であり、利得は費用の3倍であるという意味ではなく、単に子どもに教育投資を行うと、費用よりも大きな利得があるという意味に過ぎない。子どもへの教育投資の効果は費用よりも大きいという仮定は直観に反しないであろう[9]。反対に教育投資を行わなければ、費用もかからない代わりに利得も存在しない。表6-1は、地域間の人の移動が存在しないという仮定の下で、教育投資をする場合としない場合のA地域とB地域の利得を表したものである。

表6-1　教育投資が地域に与える効果
（人口移動がない場合）

A＼B	投資行う	投資行わない
投資行う	(2,2)	(2,0)
投資行わない	(0,2)	(0,0)

注）括弧内の左がAの利得、右がBの利得。例えば、(0,2)の場合、Aの利得が0で、Bの利得が2である。

　表6-1のような利得行列ができる。表の見方は以下のようになる。括弧内の左の数字がA地域の利得であり、右の数字がB地域の利得である。2列目をみてみると、Bが投資を行うときにAは投資を行うか、投資を行わないかという選択をする。投資を行うならばAの利得は2であり、投資を行わないならばAの利得は0である。そのため、Aは投資を行う方が利得は高いため、教育投資を行う。3列目はBが教育投資を行わないときに、Aが教育投資を行うときと、投資を行わないときの利得を表したものである。この場合もAが投資を行えば利得は2であるが、行わないならば利得は0であるので、Aは教育投資を行った方が利得は高くなる。結局、Bが投資を行っても行わなくても、Aは教育投資を行った方が利得は高いため、Aは教育投資を行う。逆に、BもAが教育投資を行っても行わなくても、Bは教育投資を行った方が利得は高くなるの

117

で、Bは教育投資を行う。この結果、AもBも相手がどのような行動に出ても、教育投資を行うことになる。ゲーム理論では、(A, B) = (投資を行う, 投資を行う)という解をナッシュ均衡解と呼ぶ。

この場合、(A, B) = (投資を行う, 投資を行う)によって得られる社会の総利得は4であり、他の選択よりも利得が高く、各地域が自分の利得を追求することと社会的な総利得が最大となることに矛盾がない。しかし、次のようなケースでは、個々の地域が自分の地域の利得を最大化することが社会の総利得を最大化することに反する。

教育投資の費用と利得は先ほどと同じであると仮定する。先ほどと異なるのは、個人の地域間の人口移動があることである。単純化のために、100％の移動を仮定する。つまり、地域Aで教育投資を受けた子ども全員が、地域Bに移動するために教育からの利得は地域Bが得て、逆に地域Bで教育投資を受けた子ども全員が、地域Aに移動するために利得は地域Aが得るようなケースを考える。

このとき、Bが投資を行うと、B地域で投資を受けた子どもたちがA地域に流入するために、利得は3を得る。もし、A地域が教育投資をしなければA地域は利得が3となり、教育投資をすると、利得は$3 - 1 = 2$となる。一方、B地域が教育投資を行わない場合を考える。その場合、Aが投資を行うと1の費用がかかるが、A地域の子どもはB地域に移動するために、A地域の利得は$0 - 1 = -1$となる。教育投資を行わないならば、利得は0である。B地域もA地域と同様に考えると、表6-2のように利得表を書くことができる。

表6-2　教育投資が地域に与える効果
(人口移動がある場合)

A＼B	投資行う	投資行わない
投資行う	(2, 2)	(-1, 3)
投資行わない	(3, -1)	(0, 0)

注) 括弧内の左がAの利得、右がBの利得。例えば、(3, -1)の場合、Aの利得が3で、Bの利得が-1である。

この場合、地域Aと地域Bはそれぞれどのような戦略を取るだろうか。地域Bが投資を行う場合、地域Aは投資を行うと利得が2であるのに対して、投資を行わない場合は利得が3となる。また、地域Bが投資を行わない場合、地域

Aが投資を行うときは利得が－1であるのに対して、投資を行わないときは利得が0となる。結局、地域Aは地域Bが投資を行っても、投資を行わなくても、投資を行わない方が利得は高くなる。同様に、地域Bも地域Aの戦略にかかわらず、投資を行わない方が利得は高くなる。この結果、(A, B)＝(投資を行わない,投資を行わない)というのがナッシュ均衡解となる。

　しかしながら、地域Aと地域Bの両方が教育投資を行わないことは、社会全体にとってよい解であろうか。もし、両方が教育投資をそれぞれ行っていれば、AとBの両方ともに利得2を得られたにもかかわらず、両方が投資を行わない結果、AとBの両方が利得0となってしまう。すなわち、社会の総利得は0となってしまう。ゲーム理論では、この状態を「囚人のジレンマ」と呼んでいる。

　個人の地域間移動という仮定の有無によって、結果が大きく異なることになる。直観的に説明すると、個人が地域間で移動する場合、AとBの各地域の政策担当者は、子どもに投資しても、その子どもが他の地域に移動して、自分の地域にメリットをもたらさないことを知る。そこで、自分の地域の子どもに投資するよりも、他の地域で投資された子どもが自分の地域に移動することを期待して、他に波及する教育投資ではなく、利益が地元に還元できる事業や投資を優先する。各地域がそのような期待を抱くことで、各地域の教育投資が社会的に妥当である水準と比べて過小となる。つまり、ここで議論されたモデルから導き出される含意を要約すると、収益率が高く社会全体の観点から判断すると投資することが妥当であるにもかかわらず、人口の地域間移動という現象のために、地域に教育投資の決定権を委譲すると、各地域が自分の地域の利得を最大化する場合、社会全体にとって最適な教育投資が行われない結果となる。

　このモデルを日本の教育システムに当てはめてみると、次のようになる。日本の大学は大都市圏に集中しており、日本人の多くは義務教育期から高校までを地元で過ごし、地元を離れて大都市圏にある大学に進学する。彼(女)らは、卒業後地元に帰るケースもあるが、地元に興味のある仕事が存在しない等の理由により、多くの人が大都市圏に定着する。教育を受けた人が地方から都市に移動することを知っている地方公共団体は、教育投資を行わない可能性がある。

　また、このモデルは以下のことも示している。地方交付税交付金や公共事業を通した中央から地方への再分配政策が批判の対象となっているが、義務教育

の予算に関していえば、地方が負担している義務教育費の利得を人口移動により大都市圏が受けているといえる。地方は子どもに義務教育を行うために予算を支出するが、その子どもたちは成長すると大都市圏に移動し、蓄積された人的資本が生み出す利益は大都市圏が享受する。一般に、大都市圏から地方への再分配政策という問題が指摘されるが、教育支出に関しては、地方から大都市圏に対する逆の再分配が行われていると解釈できる。

　さらに、このモデルは従来の議論と以下の点で多少異なる。従来の議論では、義務教育費国庫負担金制度の改革のときに、東京などの大都市圏はともかく、財源不足に陥りがちの地方は過小な教育投資となってしまうということが危惧されてきたが、このモデルでは、財源の大小にかかわらず、投資の決定は地域間の人口移動による教育投資効果が地域外へどの程度波及するかということに依存する。そのため、財源が多い地域でも、人口の移動が多ければ、投資を行わないという決定を下すことも考えられる。

　義務教育費の半分を地方公共団体が負担している現在の教育システムでも教育投資が過小となる可能性は否定できない。もし、義務教育の経費が全て地方公共団体の負担となり、義務教育費を一般財源化すると、地方公共団体のなかには人口移動によって投資効果が他の地域にスピルオーバー（波及）する義務教育への投資よりも、地元に利得が還元できる他の事業や投資を優先する可能性は否定できない。社会全体で判断すると、教育に対する過小投資となり問題であるが、義務教育費の一般財源化という教育財政制度が成立した場合に、地方公共団体がこのような行動を取ることはやむを得ないであろう。経済学の観点からは、各地方公共団体の良識に期待するよりも、地方公共団体が社会的に最適な教育投資水準を行うインセンティブを組み込んだ制度設計（メカニズム・デザイン）をする方が現実的である。

　地方分権を重視する立場の人は、このような懸念を「品性を疑いたくなる」と批判する主張もある[10]。この主張には、論理的な説明がないために推測するしかないが、住民の民主主義的コントロールを信頼しているのであろう。しかし、「受益と負担の一致」という原則が満たされない場合に、適正規模の公共投資が行われない。典型的な例は、過剰な公共事業である。従来の公共事業は過剰であると批判を受けたが、教育投資は過小となる懸念であり、方向は反

対であるが適正規模の投資でないという意味では同じである。新藤(2005)は現在の義務教育の経費は全額国庫で負担されておらず、公立高校の経常経費は全額地方負担であり、「義務教育をめぐる最大の問題は、もはや国庫負担にあるのではない」[11]と言う。しかし、先ほどのモデルは現在の制度でも十分とはいえないことを示唆している。これ以上国庫負担を縮小すると問題がさらに大きくなることは明らかであろう。

6　地域間移動に関する数量分析

　前節では、人々の地域間移動によって地域が自由裁量で教育投資額を決定することの問題点を、簡単な囚人のジレンマによって説明したうえで、地方自治体の子どもの教育投資が人口の地域間移動によりスピルオーバーする可能性を指摘した。本節では、このスピルオーバーについて、数量的な分析を行いたい。

　はじめに、集計データを使用して、高校生がどのぐらい県外の大学に進学するのかを考察したい。表6-3と表6-4は、各都道府県の県外大学進学率である。上位の都道府県は年によって若干の変動あるものの、一貫した傾向が観察される。主な特徴は、大都市や学園都市の周辺にある都道府県である。例えば、奈良県や滋賀県がこのケースに当てはまると考えられる。この場合は、県外に進学しているとはいえ、自宅通学を行っている場合が多いと推測される。しかしながら、大都市の周辺の都道府県ではない地域も多い。例えば、富山県、香川県、福井県がこのケースに当てはまる。この場合の多くは、大都市圏の大学に進学していると考えられる。一方で、県外大学進学率が低い都道府県の特徴は、次の2つある。1つとして、大都市圏からの距離が大きいことである。代表的な例としては、沖縄県、鹿児島県、熊本県がある。もう1つは、大都市圏の中心となる都道府県の場合である。東京都、大阪府、愛知県、宮城県、福岡県などが挙げられる。

　これら結果からわかることは、大都市に居住している人は自分の出身県の大学に進学するのに対して、大都市周辺の都道府県や地方圏では県外の大学に進学しているという現実である。このため、教育水準の高さが必ずしもその県にメリットをもたらすとは限らない。もっとも、大学卒業後に地元に戻ることも

表6-3　県外大学進学率（上位）

	1995年		2000年		2005年	
上位	奈良県	39.8	奈良県	45.9	奈良県	46.5
	滋賀県	39.5	滋賀県	42.3	岐阜県	42.5
	富山県	38.8	和歌山県	42.1	滋賀県	42.5
	静岡県	37.4	富山県	41.3	和歌山県	42.2
	和歌山県	36.7	香川県	40.4	富山県	41.7
	香川県	36.5	山梨県	40.4	三重県	40.0
	福井県	36.5	岐阜県	39.8	山梨県	39.8
	岐阜県	36.4	長野県	39.8	香川県	39.5
	三重県	36.2	福井県	38.5	福井県	38.9
	山梨県	35.2	静岡県	37.8	長野県	38.3

出所）学校基本調査「文部科学省」

表6-4　県外大学進学率（下位）

	1995年		2000年		2005年	
下位	大阪府	21.8	大阪府	23.9	大阪府	24.3
	新潟県	20.9	鹿児島県	23.3	青森県	23.9
	愛知県	20.5	東京都	22.1	鹿児島県	23.2
	青森県	19.1	青森県	21.6	東京都	22.2
	東京都	18.1	熊本県	18.5	熊本県	18.9
	熊本県	16.7	愛知県	17.0	福岡県	17.0
	福岡県	15.4	福岡県	16.5	宮城県	16.8
	宮城県	13.4	宮城県	15.6	愛知県	15.8
	沖縄県	9.2	沖縄県	12.8	沖縄県	13.6
	北海道	8.8	北海道	9.9	北海道	10.4

出所）学校基本調査「文部科学省」

多いと考えられる。そこで、大学卒業後の人口の地域間移動を分析することを試みたい。このような分析のためには、個人属性の変化を追跡調査するパネルデータを使用するのが理想的である。しかしながら、高校卒業後を始点としたパネルデータは日本に存在しないために、個人を対象としたクロスセクションデータを用いて、子どものときと現在の居住地域の関係を分析したい。

　使用するデータは、日本版 General Social Surveys（以下では、JGSS と略す）の2000年から2002年までの3年間のデータである[12]。本章では、このサンプルのうち、無回答者を除いた50歳までで、さらに、15歳のときに地方圏に居住していたサンプルを用いる。本章では、都市圏を東京都、神奈川県、千葉県、

第 6 章　人口の地域間移動と義務教育費国庫負担制度

埼玉県、愛知県、大阪府、兵庫県として、それ以外の県を地方圏と定義した。被説明変数は都市圏に居住する場合を 1 とし、それ以外の場合を 0 として、プロビット分析を行った[13]。この分析を行うことで、15歳のときに地方に住んでいた人で、都市圏に現在住んでいる人と現在も地方圏に住んでいる人の属性の違いを分析することができる。説明変数としては、年齢、学歴、就業形態、家族属性、持ち家ダミーを用いる。

　推定結果は表 6‐5 に示される。男性に関しては、長男ダミーは有意水準10％で有意に負となる。このため、長男であると15歳のときに地方に住んでいた人は現在も地方に住んでいる傾向にある。従来の日本の慣行として、長男が親と同居をすることが多いとされていたが、データのうえでも15歳に地方に住んでいる長男はそれ以外の人と比べて、地方に現在も居住している傾向にある。就業形態に関しては、経営者ダミーや自営業者ダミーは負に有意であった。このため、それらの就業形態の人は地方に住む傾向にある。その理由として、父親の事業を引き継いだということが考えられる。

　さらに大卒ダミーは正に有意となる。このため、15歳のときに地方に居住していた人は大卒以上であれば、現在は地方ではなく都市に居住している確率を高めることがわかる。つまり、地方出身の大卒者は地方ではなく都市に居住する確率を高める。女性に関しても、大卒ダミーは正に有意になることから、地方出身の大卒者はそれ以外の学歴の人と比べて都市に居住する傾向にある。先ほどの結果とあわせて解釈すると以下のようになる。地方圏の子どもは県外の大学に進学する傾向がある。そして、大学卒業後も地方ではなく、都市に居住する確率を高める。

　Ohta(2007)は、「慶應大学パネル調査」のデータを使用して、地方から都市に移動した人の所得が地方で育って地方に残った人や、都市で育って都市で働く人の所得よりも高いことを実証した。本章の結果とあわせて解釈すると、以下のようになる。地方出身者は県外の大学に進学し、卒業後も都市圏に居住する傾向にある。その理由は、高収入を得られる仕事とマッチングする確率が高いためである。このようなメカニズムを通じて、地方の人材が都市圏に流出する。

123

表6-5　推定結果

	男性			女性		
	係数	標準誤差	漸近的 t 値	係数	標準誤差	漸近的 t 値
年齢	0.010	0.008	1.33	0.025	0.007	3.51
きょうだい数	-0.001	0.004	-0.32	-0.001	0.006	-0.19
長男（長女）ダミー	-0.216	0.122	-1.77	-0.117	0.146	-0.80
経営者	-0.658	0.361	-1.82	-0.403	0.519	-0.78
非正規	0.169	0.287	0.59	0.446	0.139	3.22
自営業	-0.718	0.294	-2.44	-0.321	0.265	-1.21
無職	-0.393	0.334	-1.18	0.212	0.137	1.55
持ち家ダミー	-1.033	0.124	-8.33	-0.606	0.116	-5.23
短大卒	0.160	0.222	0.72	0.181	0.126	1.43
大卒	0.419	0.125	3.35	0.651	0.152	4.28
年次ダミー	yes			yes		
対数尤度	-300.37			-366.96		
擬似 R^2	0.157			0.079		
サンプルサイズ	807			870		

7　総額裁量制について

　先ほどは、地域間の人口変動により投資がスピルオーバーするような場合には、地域に財源委譲し一般財源化するのではなく、国が責任を持って教育支出を行うべきであることを簡単なゲーム理論にて示した。そして実証分析によって、地方圏の人が県外の大学に進学する傾向があり、また学力テストの平均点が高い県ほど県外の大学に進学する傾向にあることも示された。さらに、15歳のとき地方圏に住んでいた人のうち、学歴が高い人ほど、現在の居住地域が地方ではなく都市圏に居住している傾向が観察された。このため、個人の地域間の移動経路を十分に特定できていないが、県外の大学に進学した人の多くは地方圏ではなく、都市圏に居住している可能性が高い。つまり、地方圏から都市圏への高学歴者の人材流出が考えられる。

　もっとも、地方6団体の主張する地域の独自の教育政策をしたいという主張は、それが建前か本音かは別としても、理解できなくはない。ところで、苅谷（2005）[14]は「これまでの文科省の政策への批判や不満が、今回の「三位一体」

第6章　人口の地域間移動と義務教育費国庫負担制度

改革に伴う、負担金制度の廃止案を支持する人々の根底にある」ことを指摘する。確かに、地方6団体の「新しい時代の義務教育を創造する（答申）に対する意見」では、「文部科学省主導で行われた「ゆとり教育」は、全国一律・横並びで実施したため全国一斉に問題が生じたが、地域の教育や伝統や独自の文化を活かしてそれぞれの地域で多様な人材育成に力点を置いていたなら、必ずしもこうはならなかった」と述べられている。また、総務省関係者である務台(2004)も「義務教育費国庫負担金制度の下で、公立小中学校で「ゆとり教育」を文部行政として推進し、その結果として、今日若者の学力低下が深刻な問題となっていることに、文部科学省はいかなる認識をお持ちなのであろうか」[15]と文部行政を非難する。つまり、地方にとっては文科省による教育行政によって、地域独自の政策ができず、地方の実状に合わない政策であっても唯々諾々と受け入れなければならないことに不満がある。文部科学省による中央集権的な教育行政に対する不満はもっともであろう。

このような地方の不満に対処するために、教育の機会均等と地域の独自性を両立する方法が必要となる。平成16年2月2日に行われた中央教育審議会初等中等教育分科会では、このような問題意識を背景に「一般財源化」、「交付金化」、「総額裁量制」の3つが検討されている。一般財源化に関しては、先ほど説明したとおりである。「交付金化」とは、客観的指標を基準として支援額を設定し、その使い道は地方に委ねるものである。総額裁量制とは、「各都道府県の教職員の平均給与単価に、基本的に義務標準法に基づく定数を乗じたものの2分の1を各都道府県に対する負担額として配分するが、実際の執行では、各都道府県は総額のなかで給与と教職員数を自由に決定できる」[16]制度である[17]。高木(2004)は、各省の立場を表6-6のようにまとめている[18]。

平成16年度に客観的指標に基づく定額化、交付金化の制度改革を行うという課題に対して、総額裁量制を文部科学省が提案し了承された。この制度は、実際の運用によるが、義務教育費のナショナルミニマムと地方の独自性の両方に配慮したものであり、方向性としては望ましい。ただし、高木も指摘するように、三位一体改革の焦点の1つである義務教育費国庫負担制度の見直しをめぐる文部科学省、総務省、財務省の論争は決着したわけではない。平成16年度は、詳細が不明であったとして制度を積極的に活用する教育委員会の動きは乏しく、

125

表6-6　各省庁の主張

文部科学省	文部科学省	総務省	財務省
国庫負担金法	堅持	廃止	廃止
人材確保法	堅持	廃止	廃止
義務標準法	堅持	廃止	廃止
提案	総額裁量制	財源委譲による一般財源化	児童者数等の客観的指標による交付金化
その他	事務職員	等・加配職員の一般財源化	定数改善計画の見直し

　平成17年度以降においても、総額裁量制は過渡的な制度である[19]ため、今後とも義務教育費国庫負担制度の議論の行方と、実際の総額裁量制の運用を注意深く見守る必要がある。

　最後に、ごく最近論議となった「ふるさと納税」について言及しておこう。この税の趣旨は、地方で育って初等・中等教育を受けた人が、都市部に移ってそこで所得を稼いだ分の一部を、税として自分の育った地域に支払うという制度である。この制度は、この章で明らかにした結論を深刻に受け止め、都市に移住した人の利益の一部を地方に還元することによって、現制度の矛盾を少しでも是正していこうとするものである。

8　義務教育費国庫負担制度と地域間の再分配

　本章では、義務教育費国庫負担制度の問題を取り上げた。経済学では、原則として国によって管理することよりも地域に権限を委譲する方が望ましく、この意味で地方分権の方向性は正しい。しかし、例外があって、地域内の政策が地域外に波及（スピルオーバー）するときは、投資が過小または過大になる。義務教育費に関していえば、地方に任せると過小投資となることが危惧される。本章では、スピルオーバーの1つの例として、地域間の人口移動を仮定し、その結果、どの地域も教育投資を行わなくなるという「囚人のジレンマ」といった状態に陥りうることを示した。さらに、義務教育費を一般財源化すると、地域間で地方交付税のような再分配政策を行っても問題は解決されないというこ

とを論じた。

　これらのことを現実で評価するとどうなるであろうか。実証分析によっても、地方出身者は県外の大学に進学する傾向にある。さらに、地方出身者の大卒者は高卒者に比べて、都市に住む傾向が確認される。このため、地方から都市への人材の流出が存在していることが示される。このことは、公共事業では都市から地方への再分配が行われているが、教育に関しては地方から都市への再分配が行われていることを意味する。

　教育の機会均等を保障し、ナショナルミニマムが確保された状態で、それと同時に地域が独自性を発揮し、教育行政が行われることは望ましい。そのため、ナショナルミニマムを確保しつつ、地域の独自性を発揮する方向として「総額裁量制」という改革案を紹介した。この制度は、国庫負担金という基本的な性格を保持しつつ、地域の実情に合わせて、弾力的な学級編制や教職員配置が可能となり、地域の工夫次第で独自の教育行政を行うことが期待できる。

　しかし、義務教育費国庫負担制度の改革の議論が、教職員の給与を国と地方がどのような形態で負担するかという議論に終始している点が問題である。義務教育に必要な経費は教職員の給与だけではない。教科書費などの問題、さらにいえば子どもを公立ではなく、私立小中学校や塾に通わせる要因の1つとして、現在の義務教育が基礎学力を培う役割を十分に果たしていないことが挙げられることを第5章で示した。これらの負担は義務教育で基礎学力を子どもに保障できるならば、必要ない出費である。安心した教育を子どもに対して保障するために、国と地方はそれぞれ何ができるか、何をすべきかを議論していくことが重要である。また、従来は公共事業による中央から地方への再分配政策が問題となっていた。しかしながら、教育投資に関しては、人口移動というメカニズムを通じて地方から中央に再分配政策が行われている現実にもっと目を向ける必要があると思われる。

註
1) 中島太郎(1970)『戦後日本教育制度成立史』岩崎学術出版社　p.794参照。
2) 1943年度には旅費が、1948年度には退職手当が、1953年度には教材費が、1956年度には恩給費が、1962年度には共済費が、国庫負担の対象となった。

その後、1985年度の旅費及び教材費の一般財源化され、2004年度には退職手当等の一般財源化と税源移譲予定特例交付金による財源措置が講じられた。参考：「義務教育の改革について」文部科学省編集『文部科学時報』2005年8月号

3) 川北力編『平成15年度版　図説日本の財政』p.110

4) 林宜嗣(1995)『地方分権の経済学』

5) 中央教育審議会　平成17年10月26日　　『新しい時代の義務教育を創造する（答申）』

6) 中央教育審議会　平成17年10月26日　　『新しい時代の義務教育を創造する（答申）』　pp.3-pp.4

7) 中央教育審議会　平成17年10月26日　　『新しい時代の義務教育を創造する（答申）』　p.8

8) http://211.120.54.153/b_menu//shingi/chukyo/chukyo3/siryo/009/04040902.htm

9) 島(1999)は大学進学行動の分析を行い、大学進学に対する収益率は、80年代後半以降6％台と高水準にあるとしている。

10) 新藤宗幸(2005)「タテの行政系列をどのように認識するか」『日本教育学年報　No.31』

11) 新藤宗幸(2005)「タテの行政系列をどのように認識するか」『日本教育学年報　No.31』

12) JGSS は、大阪商業大学比較地域研究所が、文部科学省から学術フロンティア推進拠点として指定を受けて、東京大学社会科学研究所と共同で実施している研究プロジェクトである。有効回答数に関しては、JGSS2000は2893（回収率64.29%）、JGSS2001は2790（回収率62.00%）、JGSS2002は2953（回収率59.06%）である。

13) プロビットモデルについての説明は、第6章で行っている。

14) 苅谷剛彦(2005)「義務教育費国庫負担金制度と人件費の将来推計」『総合教育技術』

15) 務台俊介(2004)「半世紀を経て繰り返される義務教育財源論」『自治研究』

16) 「義務教育の改革について」文部科学省編集『文部科学時報』2005年8月号

17) 小塩も指摘するように、交付金化、総額裁量制には大差がないように見えるが、文部科学省関係者によれば総額裁量制は交付金化よりも裁量が入らないと説明されている

18) 高木浩子(2004)「義務教育費国庫負担制度の歴史と見直しの動き」『レファレンス』p.34

19) 高木浩子(2004)「義務教育費国庫負担制度の歴史と見直しの動き」『レファレンス』p.32

第 7 章

学歴にどのような意味があるのか
本人の意識に注目して

1　シグナリング理論と人的資本理論

　日本において、学歴社会という問題は多くの議論を巻き起こしてきた。例え
ば、日本は学歴社会であるか否か、あるいは学歴社会の是非についてというテー
マは日本社会でしばしば議論されてきた問題である。古くは、盛田(1966)が
『学歴無用論』、小池・渡辺(1979)が『学歴社会の虚像』にて学歴社会を問うて
いる。

　経済学では教育の効果を説明するものとして、2つの理論が提示されている。
1つは人的資本理論であり、もう1つはシグナリング理論である。人的資本理
論は、Becker(1964)、Schultz(1963)によって提示された理論である。この理
論では、教育を受けて知識を得ることで個人の生産性が上昇し、その結果高い
収入を得られるとする。個人は、教育を受けることによる収入の増加と、教育
を得るために必要な費用を考慮してどのぐらい教育を受けるかを決定する。

　一方、Spence(1974)は教育の効果について、人的資本理論とまったく異な
ったシグナリング理論を提唱した。シグナリング理論では教育を受けることに
よって、個人の能力が上昇するとは限らないとする。それではなぜ人は教育を
受けるのかというと、情報の非対称性が存在するためであるとする。つまり、
労働者は自分の能力を知っているが、企業は労働者の能力を知らない。このた
め企業は平均的な能力の人を基準にして賃金を支払う。そこで、有能な労働者
（ハードな仕事にも耐えられる力がある労働者）は、自分にハードな仕事にも耐え
られる力があることを証明するために、獲得することが難しい高い学歴を獲得
する。もし、高い学歴によって得られる収入の増加よりも、高い学歴を得るた

129

めに勉強することによる苦痛の方が大きいならば、その人は高い学歴を得ることをあきらめるであろう。逆に、高学歴を得ることによる収入の上昇に比べて、高い学歴を得るためのコストが小さい人は高学歴を得る。こうして、高学歴である人は学歴を得るために努力するコストが低く、高学歴でない人は学歴を得るために努力するコストが高いことを企業側に明らかにすることで情報の非対称性を解消する。人的資本理論とシグナリング理論は両立可能な理論であるが、経済学ではこれらの理論に説明力があるかという検証を行っている実証分析が存在する。

　本章では、これまでの研究で行われてきた日本が学歴社会であるか否かや、学歴社会が望ましいかどうかを直接的に検証するわけではない。少し視点を変えて、人々は自分が受けた教育が有益であったと感じているか、またどのような人がいかなる理由で学歴や教育が有用であったかについて論じたい。このような分析を行うことで、教育は個人にどのような意味があるのかについて考察することが可能であると考える。

2　先行研究のサーベイ

　学歴や教育の効果については、数多くの研究が存在する。その中でいくつかの代表的な研究をサーベイしたい。小池・渡辺 (1979) では、日本が学歴社会であるということを否定する。その理由として、第1に学歴間賃金格差が諸外国に比べて極めて小さいこと、第2に大企業への就職に銘柄大学出身者が不当に有利という証拠はないこと、第3に若年層では旧帝大出身者の課長シェアが低下しており、昇進に際して東大が格別有利であると限らないことをあげている。この研究には、東大を筆頭とした旧帝国大学の卒業生は、官界・学界・司法界などに多く進出して、それらの卒業生のことを考慮すれば結論を少し割引く必要がある、との批判がある。

　一方、樋口(1994)は被説明変数を上場企業や官公庁の部長以上の比率とし、説明変数を出身大学の入試難易度として回帰分析を行った。その結果、入試難易度が高い大学は部長以上の比率が高くなることを示した。

　さらに大橋(1995)は、上場企業の会社役員に対するアンケート調査を通じて、

以下のことを示した。第1に銘柄大学出身者は、他の出身者よりも専門知識があるというよりは、官庁や他社での幅広い人脈や先天的な知的能力の面で優れている、第2にその結果として全社的なものの見方ができるような恵まれた職場に配属される傾向にある、第3に職位の高いポストに銘柄大学出身者が多くなると、彼らは後輩に対していろいろな形で応援することで、さらに昇進に有利になるとする。

　大橋と同じデータを用いて分析した橘木(1997)では、非銘柄大学出身者もかなりの程度役員に昇進している、と結論付けている。その根拠として、そもそも上場企業に就職しているのは銘柄卒業生が多いことがあるし、一方で高校出身者の役員も数は少ないが存在しているからである。大橋(1995)の分析は、もし銘柄大学の卒業生が有利であるなら、それはなぜなのかということを明確に主張したところが特徴である。

　また、教育の効果を論じるときには、教育投資の収益率を計算する方法が用いられてきた。教育投資の収益率を計算した研究も数多く存在するためにすべてをサーベイすることはできないが、いくつかの代表的な先行研究を取り上げたい。岩村(1996)は大学別、学部別の収益率を計測している。その結果、第1に社会科学系のほうが理工系よりも高い収益率を示す、第2に大学間では威信（入学難易度や伝統）の高い大学ほど収益率が高くなる、第3に理工系の収益率のほうが社会科学系よりも分散の度合いが小さい、という3つの事実を発見している。

　島(1999a)は進路選択時点において期待される事前的収益率と、実際に獲得された賃金に基づいて算出された事後的収益率が異なることを指摘して、それらを区別して収益率を測定した。その結果、第1に事前的収益率と事後的収益率の乖離はさほど大きくなく、進学の経済的効果の期待値としての事前的収益率はある程度妥当である、第2に大企業、金融業、サービス業で事後的収益率が事前的収益率を上回っており、一方、中企業、小企業、製造業では事後的収益率は事前的収益率を下回っていることが示された。

　八代・伊藤(2003)では、医学部の収益率を計算している。その結果、2000年では全学部平均の教育投資の収益率は6.1%であるが、勤務医では9.4%で、開業医では13.6%から21.8%となり、医学部の収益率の高さが際立っていること

を示している。

本田(2003)は、学歴の職業的意義について論じている。その結果、日本においては諸外国に比べて、教育の「職業的意義」を低く考えている傾向にあることを実証している。

このように、教育の効果に関する先行研究では、教育投資の収益率を測定することにより、教育の効果を客観的に測定することに主眼を置かれていた。本章ではそれらの先行研究と異なり、自分が受けた教育について本人が教育の効果をどのように考えているか、また、個人属性、学歴、職種、入職経路によって自分が受けた教育の効果に関する意識に違いがないかということを検証していきたい。

3 教育の有用感と学歴、職種、小学生のときの算数の好感度

はじめに、どのような人が自分の受けた教育が役に立ったという意識を持っているのかについて、学歴別にみていきたい。そこで「あなたが最後に通った学校で受けた教育は、今の仕事にとって役に立っていると思いますか」という設問を使用して分析したい。その結果が、図7‐1である。

縦軸は、教育が「1.非常に役に立っている」と「2.まあまあ役に立っている」と回答した人の割合である。学歴が高くなるにつれて、自分が受けた教育は仕事に役に立っていると回答する傾向にある。一般に役に立たないといわれることが多い文系学部でも5割近くの人が、教育が仕事に役に立っていると考えている。ただし、文系学部の人と短大・高専卒を比べると、文系学部の人のほうが役に立ったと回答する割合が低くなっている。そして、文系大学院卒の人の場合は、7割以上の人が役に立っていると考えている。理系の場合は文系に比べて、学部・大学院ともに役に立っていると回答する割合が若干高くなっている。また、医歯薬系は顕著に教育の効果を高く評価している。図7‐2は、大学間で教育が仕事をする上で役に立っているかに違いがあるかどうかを検証したものである。

銘柄大学は第1章と同様に、旧7帝大（東京、京都、東北、九州、北海道、大阪、名古屋）と一橋大学、神戸大学、東京工業大学、早稲田大学、慶應大学と

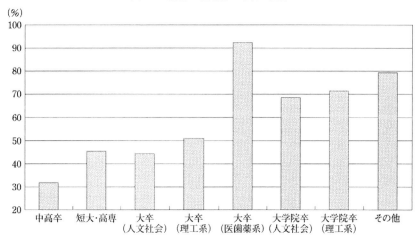

図7-1　教育の有用感と専攻の関係

図7-2　教育の有用感と大学名

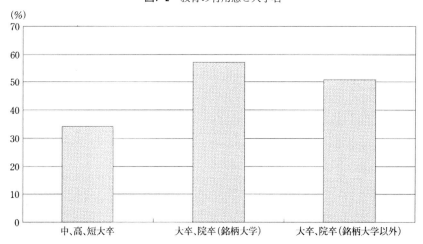

する。この図7‑2をみる限り、銘柄大学卒業の人の方が、教育が仕事に役に立っていると感じる傾向がみられる。もっとも、大学によって職種なども異なると考えられるので、職種をコントロールした分析を後で行う。

　図7‑3は、小学生のときの算数の好感度と教育が役に立ったと感じるかの関係を表している。小学生のときの算数の好感度については、以下の設問を使

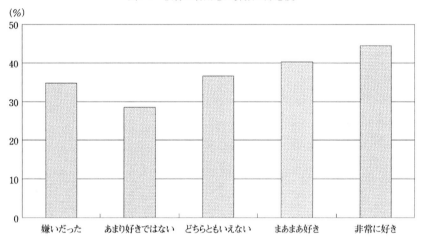

図7-3　教育の有用感と算数の好感度

用する。「小学5〜6年生の頃――あなたは子どもの頃、算数は好きでしたか」という質問に対し、「1.非常に好き、2.まあまあ好き、3.どちらともいえない、4.あまり好きではない、5.嫌いだった」の質問を用いる。これをみると、「あまり好きではない」が最も低いがそれ以外に関しては、算数の好感度が高まるにつれて教育が仕事に役に立っていると感じる傾向にある。もちろん、算数の好感度は学歴と直接関係するので、お互いの影響を考慮する必要がある。

　図7‐4は職種との関係を表している。専門職は他と比べて顕著に高く、8割近くが役に立ったと回答している。それ以外で教育が役に立ったとする傾向にある職種は、技術職、管理職、芸術系であり、およそ半数程度の人が役に立ったと感じている。逆に低いのは、農林漁業であり、役に立ったと感じているのは2割程度である。

　図7‐1から図7‐4をみると、高学歴、専門職、小学生のときの算数の好感度が高い人は自分が受けた教育が実際の仕事に役に立っていると感じている傾向にあることが示された。しかしながら、これらは相互に関係しているため、どのような要因が本当に影響しているのかわからない。このため、これらの変数をすべてコントロールして、どの要因や属性が自分の受けた教育が役に立ったという意識に影響しているのかについて、以下では考察していきたい。

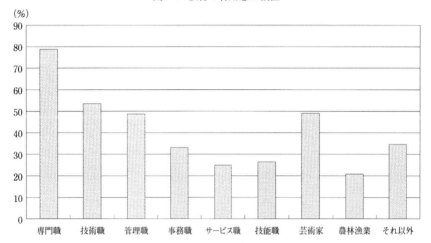

図7-4　教育の有用感と職種

4　モデルと変数の説明

　次に、推定モデルについて説明したい。本章では2つのことを検証したい。1つは、どのような人が最後に通った学校で受けた教育が役に立っていると感じているかである。そのため被説明変数として、先ほどと同様に「あなたが最後に通った学校で受けた教育は、今の仕事にとって役に立っていると思いますか」という設問を使用した。このため、本章で使用するサンプルは有業者に限られる。回答は「1.非常に役に立っている」から「5.ほとんど役に立っていない」の5段階になっているため、順番を逆にして「5.非常に役に立っている」から「1.ほとんど役に立っていない」とした。このため、数値が高いほど自分が受けた教育が役に立っていると感じているということを意味する。推定手法は順序プロビットモデルを使用する。

　順序プロビットモデルとは、選択肢が3つ以上存在して、しかもその選択肢には順序が存在する場合である。第6章ではプロビットモデルを使用したが、プロビットモデルの場合は、私立・国立に行くか公立に行くかというように、選択肢が2つであった。そして、第5章では選択肢は3つ存在したが、人文社

会系、理工系、医学系というように、3つの選択肢の間に順番は存在しない。しかしながら、本章では選択肢が役に立ったと感じている度合いであり、数値が高いほど役に立っていると感じていると判断されることから、選択肢には順序が存在する。また、このような場合に通常の最小2乗法を用いる方法も考えられる。しかしながら、「非常に役に立っている」と「まあまあ役に立っている」の差と「あまり役に立っていない」と「ほとんど役に立っていない」の差が同じであると考えるのはやや無理があるが、最小2乗法では両者の差が同一であると仮定して分析するため問題である。このため、選択肢が3つ以上であり、順序が存在するときは順序プロビットを用いるのが妥当である。順序プロビットの確率モデルは、以下のように書くことができる。

$$y^* = x\beta + e$$
$$y = 0 \quad if \quad y^* \leq \gamma_1$$
$$y = 1 \quad if \quad \gamma_1 < y^* \leq \gamma_2$$
$$\vdots$$
$$y = 4 \quad if \quad \gamma_4 < y^*$$

y^*は潜在変数で、y_iは観察される値であり、例えば$y_i = 4$とは非常に役に立っていると回答した場合である。xは説明変数ベクトルである。このため、以下のように確率を書くことができる。

$$P(y=0|x) = P(y^* \leq \gamma_1|x) = P(x\beta + e \leq \gamma_1|x) = \Phi(\gamma_1 - x\beta)$$
$$P(y=1|x) = P(\gamma_1 \leq y^* \leq \gamma_2|x) = \Phi(\gamma_2 - x\beta) - \Phi(\gamma_1 - x\beta)$$
$$\vdots$$
$$P(y=4|x) = P(y^* > \gamma_4|x) = 1 - \Phi(\gamma_4 - x\beta)$$

これを使用して、以下のように対数尤度関数を設定し、尤度を最大化するパラメータβ、γを求める。

$$Lnf_i(\gamma, \beta) = 1[y_i=0]\ln[\Phi(\gamma_1 - x\beta)] + \cdots + 1[y_i=4]\ln[1 - \Phi(\gamma_4 - x\beta)]$$

$1[\cdot]$はカッコ内の条件を満たせば1とする、indicator関数である。

　説明変数として、性別、年齢、年収等の個人属性から学歴、初職への入職経

136

第 7 章　学歴にどのような意味があるのか

路などを用いる。これらを用いることで、学歴やどのような経緯で就職したか
といった要因が、最後に受けた教育が有意義であったと本人が感じているかど
うかを判断する際に、どのような影響を与えたかを検証することができる。

　もう 1 つは、「1.非常に役に立っている」と「2.まあまあ役に立っている」
と回答した人に、自分が受けた教育が仕事上役に立っている理由を分析したい。
本章で使用したアンケートでは、自分が受けた教育が役に立った理由として、
次の 5 つの選択肢がある。5 つの選択肢は、「1.仕事に必要な知識・技術が習
得できた」、「2.就職活動に有利だった」、「3.仕事にとって重要な人間関係が形
成できた」、「4.社会的なマナーが身についた」、「5.その他」である。これを被
説明変数として、多項ロジット分析を行う。そうすることで、最終学歴のとき
の教育が役に立ったかということについて、個人的属性、学歴、初職への入職
経路によって違いがあるかを検証する。例えば、一般的には文系で受けた教育
は仕事に役に立たないといわれているが、本当に人文社会系出身者は教育が役
に立っていないと感じているのかをみてみたい。また近年、文部科学省の大学
院重点化政策の影響もあり大学院進学者が増加しているが、大学院出身者は大
学院教育が仕事上有用であると感じているかということも検証する。

　次に説明変数について述べたい。個人的属性として、年齢、性別、年収を用
いる。学歴に関しては、中・高卒を基準とする。専修学校、高専、短大卒をま
とめて短大卒とする。さらに、人文系と社会科学系を人文社会系でまとめ、修
士課程と博士課程を大学院としてまとめた。

　職種は「仕事の種類は大きく分けて次のどれにあてはまりますか」という質
問に対して、以下の中から選択するようになっている。「1.専門職（医師、弁
護士、教員など）」、「2.技術系の職業（エンジニア、看護師）」、「3.管理的職業
（課長相当職以上）」、「4.事務・営業系の職業（一般事務）」、「5.販売職（店主、
店員、外交員）」、「6.サービス職（美容師、ウェイトレス）」、「7.技能・労務・
作業職（工員、警察官）」、「8.芸術家（作家、音楽家、デザイナーなど）」、「9.農
林漁業」、「10.その他」である。

　初職への入職経路に関しては、「学校を出て、初めて就かれたお勤め先につ
いてうかがいます。あなたは、どういう経路でその従業先に就職されたのです
か。次の中であてはまるものをすべてあげて下さい」という質問に関して、「1.

137

求人情報を見て直接応募した」、「2.卒業した学校や先生や先輩の紹介」、「3.上記以外の知人の紹介」、「4.家族・親戚の紹介」、「5.職業安定所・ハローワークの紹介」、「6.民間の職業紹介所の紹介」、「7.専門試験に合格した」、「8.家業を継いだ」、「9.自分ではじめた」、「10.従業先から誘われた」、「11.その他」である。

　先ほど指摘したように、経済学ではシグナリング理論と人的資本理論のうち、どちらの理論に妥当性があるかという問題に関する実証分析が存在する。例えば、Wolpin(1977)は、雇う側と雇われる側といった情報の非対称性の存在しない自営業者がどのような学歴選択を行うかを分析することで、両者の仮説の説明力を検証した。その結果、自営業者の学歴が低いことから、シグナリング理論の説明力が低いと結論付ける。本章では、初職の経路として「自分ではじめた」という選択肢が存在する。そこで、自ら事業をはじめた人が、自分の最後に通った学校の教育が役に立ったと感じているかをみることでシグナリング理論の妥当性を検証することができる。つまり、自ら事業を起こした人は情報の非対称性がないと考えられる。そのような人が自分の最終学歴のときに受けた教育が役に立ったと感じているならば、教育はシグナル以外の意味を持つと考えられる。もちろん、荒井(2002)が指摘するように、自営業においても取引相手からの信用を得るためのシグナルとしての意味もあると考えられる。そこで、どのような理由で最終学校の教育が役に立っていると感じているかについても分析する必要がある。

5　どのような人が自分の学歴が仕事に有用であると感じているのか：推定結果1

　はじめに全サンプルについて分析したい。推定結果が表7‐1で示される。所得が正に有意であることから、収入が高い人は最終学歴のときに受けた教育が役に立っていると考える傾向にある。これは、直感にも合致する。学歴に関しては、中卒や高卒と比べて、短大卒、人文社会系学部卒、理工系学部卒、医歯薬系学部卒だけでなく、修士以上のいずれの学部（研究科）でも教育が役に立っていると感じる傾向にある。一方、銘柄大学ダミーは負に有意である。つ

第 7 章 学歴にどのような意味があるのか

表7-1 推定結果 1

	全体サンプル		大卒、大学院卒		中学、高校、短大卒	
	係数	標準誤差	係数	標準誤差	係数	標準誤差
女性ダミー	0.049	0.046	0.129	0.089	0.018	0.054
年齢	0.003	0.002	0.003	0.004	0.003	0.002
収入	0.032	0.008**	0.037	0.012**	0.027	0.010**
学歴						
短大	0.234	0.063**			0.252	0.064**
大卒（人文社会系）	0.121	0.057*				
大卒（理工系）	0.179	0.075**	0.119	0.087		
大卒（医歯薬系）	1.540	0.284**	1.338	0.283**		
院卒（人文社会系）	0.845	0.231**	0.694	0.233**		
院卒（理工系）	0.648	0.130**	0.582	0.138**		
大卒（その他）	1.014	0.245**	0.810	0.249**		
銘柄大学ダミー	-0.180	0.096+	-0.201	0.101*		
初職への入職経路						
（先生等の紹介）	0.066	0.046	-0.041	0.105	0.076	0.053
（知人の紹介）	-0.141	0.084+	-0.082	0.183	-0.167	0.095+
（家族の紹介）	-0.112	0.073	0.185	0.170	-0.179	0.080*
（ハローワーク）	-0.152	0.115	-0.054	0.275	-0.177	0.127
（民間の紹介所）	0.020	0.254	0.071	0.592	-0.006	0.277
（専門試験合格）	-0.104	0.154	-0.259	0.263	-0.034	0.185
（家業継承）	-0.066	0.194	1.196	0.361*	-0.161	0.202
（起業）	0.176	0.193	0.055	0.357	0.231	0.228
（従業先の誘い）	-0.065	0.105	0.155	0.203	-0.155	0.124
（その他）	-0.027	0.120	0.042	0.290	-0.050	0.133
現在の職種						
専門職	0.971	0.109**	1.121	0.133**	0.643	0.196**
技術職	0.343	0.055**	0.282	0.098**	0.366	0.067**
管理職	0.163	0.079*	0.188	0.117	0.140	0.107
サービス職	-0.195	0.075**	-0.215	0.175	-0.195	0.084*
技能職	-0.174	0.060**	-0.661	0.228**	-0.151	0.064*
芸術	0.381	0.172*	0.465	0.284	0.306	0.217
農林漁業	-0.405	0.206*	-0.570	0.505	-0.341	0.225
職種その他	-0.013	0.096	0.241	0.205	-0.102	0.107
小学生のときの算数好感度	0.047	0.019*	0.087	0.038*	0.037	0.022+
疑似対数尤度	-5040.30		-1350.21		-1656.32	
サンプルサイズ	3402		956		2446	

注1）有意水準 1 %** 5%* 10%+
 2）学歴は全体サンプルのときと中学、高校、短大卒の推定のときに関しては、「中高卒」を、大卒、大学院卒については、「大卒（人文社会系）」を、初職への入職経路については「求人情報をみて直接応募」を、現在の職種については「事務職」を基準とした。

まり、銘柄大学の卒業生は、自分が受けた大学での教育が現在の仕事に役に立っていないと感じている。先ほど、大学間の違いにより教育が仕事に役に立っていると感じているかどうかについて、グラフによって銘柄大学の方が役に立っていると感じていることを示した。しかしながら、実証分析では逆の結果となっている。つまり、先ほど示した大学間の違いは見せかけの関係に過ぎず、職種や個人属性でコントロールすると、銘柄大学出身の方が自分の受けた教育が仕事に役に立っていないと考えている。ただし、これらの分析からだけでは、なぜそう感じているのかについてはわからない。そこで、次節ではどのように学歴が役に立っているかということに注目したい。

現在の職種に関しては、事務・営業を基準とする。このとき、専門職、技術職、管理職、芸術系に関しては、事務・営業職と比べて学歴が役に立っていると考える傾向にあり、逆にサービス、技能、農業職の場合は、事務・営業職と比べて学歴が役に立っていないと感じる傾向にある。また、小学生のときの算数の好感度は正に有意であることから、小学生のときの算数の好感度が高い人は学歴をコントロールしても、学歴が役に立つと考えている。

さらに、大卒、大学院卒とそれ以外の場合にサンプルを分割して推定を行った。はじめに大卒、大学院卒のサンプルに注目したい。その結果が、表7‐1に示される。学歴に関しては、大卒の人文社会系学部を基準とする。そのとき、人文社会系の修士以上は正に有意になる。従来では、人文社会系の大学院の専門知識は仕事には役に立たないと指摘されてきた。しかしながら、大卒（人文社会系）よりも院卒（人文社会系）の方が教育は役に立っていると考える傾向にある。もっとも、人文社会系大学院出身者がどのような理由で学歴が役に立っていると感じているのかについてはわからないため、次節で役に立つ理由について詳細に考察したい。また、大卒、大学院卒のサンプルに限定しても、銘柄大学ダミーは負に有意となった。大卒、大学院卒のサンプルでも、銘柄大学出身者は大学で学んだ教育が仕事に役に立っていると思わない傾向にある。

そして、初職の経路と教育が役に立ったかどうかという意識に関しては、「家業を継いだ」という場合、学歴が役に立ったと考えている。先ほど説明したように、自営業者は雇う人と雇われる人が同一人物であるために情報の非対称性がない。このため、自営業者にも学歴の効果があるならば、学歴がシグナ

ルとしてだけではなく、実際に人的資本を形成することに役に立っていること
がわかる。このことから、初職の経路として「家業を継いだ」と回答している
人が、教育が役に立ったと回答する傾向にあるのは、日本において人的資本理
論に説明力があると考えられる。しかし、大卒、大学院卒で家業を継いだと回
答した人が少ないことや、同様に情報の非対称性が少ないと考えられる「自ら
はじめた」の場合では有意にならないことから、この結果は限定的に解釈する
しかない。もっとも企業内における課長や部長への昇進を分析したTa-
chibanaki(1996)では、人的資本理論よりもシグナリング理論の方が、より説
明力が高いと主張している。もとよりこれらの理論が、賃金差を説明するとき
と、昇進差を説明するときで意味が異なり、注意を要する。このため、どちら
の理論に軍配を上げるべきか、速断は禁物である。

　次に、大卒未満のサンプルについて考察したい。中・高卒と比べて、短大・
高専卒の方が学歴は役に立っていると考える傾向にあることがわかる。初職へ
の入職経路としては、「家族親戚の紹介」、「職業安定所・ハローワークの紹介」
が負に有意であることから、これらの場合は教育が役に立たなかったと感じる
傾向にある。紹介というような、情報の非対称性が存在する場合に、教育が役
に立たなかったと回答する傾向が見られた。

　これらの結果を要約すると以下のようになる。学歴が高い場合の方が、最終
学歴のときの教育が役に立っていると回答する傾向にある。大学教育などは仕
事に役に立たないという指摘が一般的にされることが多いが、少なくとも自己
評価では学歴が高い人の方が最終学歴で受けた教育が役に立っていると考えて
いる。しかしながら、銘柄大学出身者は自分が受けた大学の教育の効果に否定
的である。初職への入職経路に関しては、全体サンプルでは有意な関係は見ら
れないものの、大卒サンプルに限定すると、「家業を継いだ」と回答している
人は教育が役に立ったと回答する傾向にあるが、回答者のサンプルが少ないた
めに解釈は慎重にすべきである。

6 学歴を有用であると感じた理由と社会経済的変数の関係
：推定結果2

　前節では、学歴が役に立ったかどうかについて考察を行った。そこで、本節ではどのような意味で学歴が役に立ったと感じているか、ということと各個人の属性の関係を考察したい。先ほどの質問項目で、「1.非常に役に立っている」と「2.まあまあ役に立っている」と回答した人に理由をきいている。選択肢は「1.仕事に必要な知識・技術が習得できた」、「2.就職活動に有利だった」、「3.仕事にとって重要な人間関係が形成できた」、「4.社会的マナーが身についた」、「5.その他」である。「5.その他」に関しては、回答者の半数近くは「ものの考え方が身に付いた」であり、その他には「資格を得られた」、「人間的成長」という回答が多く存在した。

　そこで、これらを被説明変数とした多項ロジット分析を行った。多項ロジットとは第4章で説明したように、被説明変数が離散変数であり、選択肢が3つ以上存在し、それらの選択肢には順序が存在しない場合に用いる。本章の分析では、被説明変数が「1.仕事に必要な知識・技術が習得できた」、「2.就職活動に有利だった」、「3.仕事にとって重要な人間関係が形成できた」、「4.社会的マナーが身についた」、「5.その他」というように、5つの選択肢が存在して、さらにこれらに順序は存在しないと考えられるため、多項ロジット分析を行う。「1.仕事に必要な知識・技術が習得できた」を基準として、各選択肢を選ぶ要因を考察する。推定結果は、表7-2に示される。

　はじめに「2.就職活動に有利だった」と回答した人に焦点を当てたい。個人の基本的属性に関していえば、女性、若年、高所得といった人たちが、就職に役に立ったことを最終学歴における教育の効果として考えている。入職の段階で学歴が有利に働いたとみなす考え方は、シグナリング理論が教えるところの、高い教育という情報が有利に作用したということに通じる。特に女性、若年層にとって有利に働いたことは、これらの層に対しては、シグナリング理論の支持につながる。

　さらに学歴に関しては、以下のような傾向が観察される。学歴は中高卒を基

第7章 学歴にどのような意味があるのか

表7-2 推定結果2

	2		3		4		5	
	限界効果	標準誤差	限界効果	標準誤差	限界効果	標準誤差	限界効果	標準誤差
女性ダミー	0.083	0.211**	-0.035	0.257	0.046	0.180**	-0.002	0.320
年齢	-0.002	0.010*	-0.001	0.011	0.000	0.008	0.000	0.016
所得	0.006	0.029+	0.001	0.031	-0.003	0.029	0.000	0.057
学歴								
短大卒	0.026	0.243	-0.022	0.360	-0.021	0.214	0.000	0.524
大卒（人文社会系）	-0.031	0.276	0.036	0.282	-0.013	0.227	0.061	0.394**
大卒（理工系）	-0.016	0.321	0.006	0.376	-0.055	0.299+	0.036	0.541+
大卒（医歯薬系）	0.069	0.592	0.070	0.730	-0.111	1.085	0.097	0.880*
院卒（人文社会系）	0.021	0.751+	0.510	0.668**	-0.245	0.634**	0.074	1.064*
院卒（理工系）	0.018	0.408	0.042	0.518	-0.040	0.430	0.040	0.653+
大卒（その他）	0.067	0.587	0.014	0.842	-0.095	0.814	0.031	1.098
銘柄大学ダミー	0.071	0.348+	0.024	0.403	0.005	0.399	-0.004	0.552
初職への入職経路								
（先生等の紹介）	-0.004	0.210	-0.006	0.269	-0.010	0.181	-0.010	0.423
（知人の紹介）	-0.052	0.466	-0.040	0.600	-0.052	0.397	0.020	0.583
（家族の紹介）	-0.063	0.516	0.003	0.454	0.055	0.305	0.038	0.496*
（ハローワーク）	0.048	0.540	-0.034	0.987	0.044	0.493	-0.008	1.130
（民間の紹介所）	0.020	1.255	0.238	1.466	0.034	1.269	-0.027	1.313**
（専門試験合格）	0.047	0.622	-0.039	0.959	0.050	0.535	0.026	0.906
（家業継承）	-0.156	0.468**	-0.018	1.196	-0.055	0.724	-0.032	0.695**
（起業）	-0.073	1.067	0.122	0.623	-0.042	0.675	0.001	0.943
（従業先の誘い）	-0.047	0.619	0.101	0.518	-0.045	0.479	0.000	0.826
（その他）	-0.069	0.730	-0.055	1.049	-0.037	0.498	0.074	0.579*
現在の職種								
専門職	-0.030	0.323+	-0.036	0.412+	-0.096	0.378**	-0.018	0.564*
技術職	0.039	0.230	-0.064	0.332**	-0.059	0.206**	-0.010	0.425
管理職	0.037	0.340	-0.006	0.371	-0.008	0.300	-0.009	0.589
サービス職	-0.064	0.58	0.010	0.495	-0.001	0.325	0.017	0.531
技能職	0.047	0.308	-0.010	0.371	-0.078	0.299**	-0.023	1.001+
芸術	0.021	0.577	0.053	0.557	-0.013	0.477	0.004	0.879
農林漁業	-0.132	0.689**	-0.106	0.668**	0.106	0.894	-0.027	0.924**
職種その他	-0.026	0.520	-0.039	0.628	-0.025	0.352	0.024	0.531
小学生のときの算数好感度	0.002	0.087	0.007	0.101	0.007	0.070	-0.002	0.163
擬似対数尤度 サンプルサイズ	-1656.32 1331							

注1）有意水準1％**　5％*　10％＋
　2）学歴は全体サンプルのときと中学、高校、短大卒の推定のときに関しては、「中高卒」を、大卒、大学院
　　卒については、「大卒（人文社会系）」を、初職への入職経路については「求人情報をみて直接応募」を、
　　現在の職種については「事務職」を基準とした。

準とした。人文社会系の大学院の人が、専門知識の習得ではなく就職に役に立ったと回答している。さらに、銘柄大学ダミーは有意水準10％で正に有意であることから、銘柄大学出身者は最終学歴における教育の効果として、仕事に必要な知識・技術が習得できたという点ではなく、就職活動による有利さをあげる傾向にある。このため、銘柄大学出身者に関しては、人的資本理論があげている知識・技術による教育の効果よりも、就職に有利であることを教育の効果としてあげることから、ここでもシグナリング理論が当てはまると考えられる。初職への経路に関しては、「1.卒業した学校や先生や先輩の紹介」を基準とすると、「3.家族・親戚の紹介」、「8.家業を継いだ」の場合は就職に役に立ったと感じない傾向にある。

「3.仕事にとって貴重な人間関係が形成できた」という回答について考察したい。専門知識と人間関係のどちらの効果を重視するかについて、個人的属性には有意な違いは存在しない。一方、人文社会系の大学院の係数が正に有意になっていることから、人文社会系の大学院卒業者は他の学歴の層に比べて、専門知識ではなく人間関係形成の効果を重視していることがわかる。初職への入職経路では両者に違いは見られない。職種に関しては、専門職、技術職、農業といった職業の人は人間関係よりも専門知識の習得ということで最終学歴の効果を感じている。

「4.社会的マナーが身についた」という回答に関しては以下のとおりである。個人的属性に関しては、女性、都市居住ダミーが正に有意であることから、女性や都市に住んでいる人は専門知識よりも社会的マナーを最終学歴の効果として選択する傾向にある。学歴に関しては、理工系の学部や人文社会系の大学院卒業の層は、社会的マナーを最終学歴の効果として考えていない傾向にある。初職への入職経路に関しては、有意な関係はみられない。職種に関しては、専門職、技術職、技能職は社会的マナーではなく専門知識を最終学歴の効果と考えている。

「5.その他」を選択した人について考察したい。個人的な属性に関しては、有意な違いはみられない。学歴に関しては、人文社会系学部、理工系学部、医歯薬系学部、人文系大学院がいずれも正に有意となる。このため、これらの学歴の層は専門知識よりもその他の理由を選択する傾向にある。初職への入職経

路に関しては、「4.ハローワークの紹介」が正に、「6.直接応募した」、「8.家業を継いだ」が負に有意となった。職種に関しては専門職が負に有意である。

7　本章で示したことと今後の課題

　本章では、人々が自分の受けた教育の効果をどのように考えているかということに焦点を当てた。その結果、興味深いいくつかの事実を発見した。1つは、自分の最終学歴の教育の効果について、教育を受けた本人がどのように感じているかを分析すると、高学歴になるにつれて自分が受けた教育の効果を評価する傾向にある。しかしながら、銘柄大学卒業生は自分が大学（大学院）で受けた教育の効果に対して否定的になる。

　もう1つは、自分が受けた教育が役に立っていると回答した人に対して、どのような意味で役に立っているかということを分析した。その結果、銘柄大学出身者は専門知識や技術が役に立ったというよりも、就職に有利であったと回答する確率が高くなった。

　日本が学歴社会だということは、繰り返し議論されてきた問題である。しかし、自分が受けた教育について自分がどのように認識しているかということに関しては、ほとんど議論されてこなかったというのが実状である。そこで、教育の効果について本人がどのような認識を持っているのかという問題を考察した。

　最後に今後の課題をいくつかあげたい。第1に、本章は本人の主観を分析の対象としたことである。この点は従来と異なる新しい点であるものの、一時点における本人の主観を分析するだけでは限界がある。このため、今後はパネルデータによって本人の教育に対する効果に関する意識の変化にまで分析を拡張することで、さらに詳細な考察を行う必要がある。第2に、本人が受けた教育をどう捉えているかが子どもの教育方針にどのような影響を及ぼしているのかという課題が残されている。第3に、前章で銘柄大学出身者はそれ以外の人と比べて、他の要因をコントロールしても収入が高くなる傾向にあることを示した。それにもかかわらず、本人の意識では、自分が受けた教育に対する効果について否定的に考えている。年収の観点からは、銘柄大学出身ということによ

り収入が高くなるにもかかわらず、本人の意識では自分が受けた教育の効果に否定的である。考えられる理由としては、同じ銘柄大学出身者の人と比べた収入の差が、自分の受けた教育の効果に対する意識に影響している可能性がある。これらの問題は筆者らの今後の課題である。

第 8 章

教育は何のためにあるのか

1　教育に対する哲学者と経済学者、社会学者の考え方

　教育学者でもない著者が、教育とは何のためにあるのか、などというだいそれた課題を論じることは不遜なことである。しかも、教育の問題は歴史上の偉大な哲学者、思想家が論じてきたことでもあるので、なおさらである。しかし、教育の思想面は別にして、人は教育を受けることによってどのような人生を送るのか、すなわち教育の成果ということに著者は関心を注いできたので、この視点を中心におき、それを教育思想の関係から論じることは不可能ではないので、この点を考えてみることにしよう。

　教育学、哲学の専門家は、よりよい人間として育つために教育がある、あるいはよりよい社会をつくるために、人間はどうあればよいのかを教えるのが教育である、といった視点から教育を論じることが多い。このように人間形成という目的に合致するような教育制度のあり方、といったことが教育学、哲学の分野から主張されてきた。

　例えば、ギリシャ哲学の聖人アリストテレスは『政治学』の中で、教育は公的部門によって提供されるべき、と主張した。これは教育の目的が、すなわち働く技術を学ぶことと、人に徳を与えること、という 2 つのことしかないのだから、唯一の公的部門である国家が教育にあたるべし、ということになる。この主張を現代風にして、やや拡大解釈すると公立学校優先論につながる。多くの私立学校が存在する今日であれば、アリストテレスの思想は再検討の余地がある。さらに、教育の成果を論じるときに、公立学校と私立学校のどちらが優れているかは重要な論点なので、この点からも教育を議論することが可能であ

147

る。

　一方、社会学や経済学からは、人が教育を受けることによりどのような職業に就けるのか、さらにどれだけの所得を稼ぐことになるのか、といったような教育の成果や効果に多大の関心を寄せてきた。一般論として、高い教育を受けた人はよりよい仕事に就けるし、高い所得を受けていることがわかっているので、当然の関心として、ではどういう人が高い教育を受けているのかを、社会学や経済学の専門家は分析を重ねてきた。

　ここで述べてきた社会学や経済学による教育の成果という視点から出発して、教育は何のためにあるのかを論じるとともに、冒頭で述べたような「人はよりよい人間として育つために教育がある」という伝統的な教育哲学の思想と、どう結び付けられるかを論じることが本章の目的である。

2　人間形成としての教育

　現代において教育の目的を2つに限定すれば、次のようにまとめられよう。第1に、人が生きていくために必要な仕事を遂行するにあたって、それをより効率的に行える技能を習得するための教育がある。第2に、人は教育を受けることによって、社会の中で人間として正しい生き方を学ぶことが期待できるので、様々な価値観、道徳などを教えるのである。

　第1の目的においては、知識や学識を中心にした教育の伝授・習得によって人の能力は高まるので、労働力という視点からみても資質の高い人に育つことを期待している。この目的が教育によってどの程度達成されるのか、あるいはどのような過程を経て人の資質が高まるのか、といった話題は後に述べる。ここでは第2の目的、すなわち人の働き手としての資質向上といったことではなく、教育によって人間が精神的にどのような成長を遂げるのか、といったことに注目したい。

　この分野における創始者をルソーの『エミール』に求めたい。孤児エミールが1人の家庭教師に育てられて、成人に達するまでの様子を記述した書物である。人間形成のためにはこのように育てられるのが理想であると書物の中で具体的に述べることによって、ルソー自身の教育論を披露したものと理解してよ

い。いわば幼児期から成人期まで、人はどのような教育を受ければよいのか、という思想が記述されているのである。

ルソーは子どもの教育に最大の関心をもったが、子どもに知育や徳育を施す前に、まずは健康であることの重要性を説くために、運動能力や感覚能力を高めることが子どもにとってもっとも肝要であるとした。なぜならば、大人になったときに予期しない事象に接することが多いが、それを現代語でいえば、様々なリスクや不幸に遭遇するとなるが、強壮な身体と強靱な精神をもっていれば、それらのリスクにうまく対応できるようになるからだ。

このルソーの思想は「消極教育」という言葉で代表されている。知育や徳育を急いで施すのではなく、誇張すれば「教育するな」という言葉で代替することも可能なほど、子どもはあくまでも子どもであることの特色を保持することの重要性を指摘したのであった。この「消極教育」は様々なことを子どもに体験させることによって習得させうるとした。こうした感官の訓練が、子どもが成長したときに受ける知育や徳育の学習の段階で役立つと考えたのであった。この幼児教育の重要性が、後にフレーベルによる幼稚園の誕生をうながした書物である『人間の教育』(1826)の出版につながったのは有名である。

「自然にかえれ」で有名なルソーの教育思想は、教育には3つの種類があるとした。すなわち「自然の教育」「人間の教育」「事物の教育」だが、ルソーは「自然の教育」が子どもにとってもっとも重要と考えた。幼児期に体験した様々なことは、少年期や青年期になってから様々なことを理性的に判断するための糧となるのである。繰り返すことになるが、それはまわりから教えるのではなく、自然にまかせて子どもがいろいろなことを経験することによって、教訓とか価値を自然に習得するものである。

この『エミール』に触発されて教育論を展開したのが、ドイツの哲学者カントである。いわゆる「理性哲学」を考察したドイツ啓蒙学派の巨人カントは、自律した人間を育成するためには、教育が重要な役割を果たすと主張した。他人から教えられて決定・行動するのではなく、自らの思考に基づいた意志でもって、自律的に決定・行動できるような人間を生むこと、あるいはそのような人間を形成することが教育の役割とした。自分で考えられるようになり、かつ自分のもっている能力を生かせるようになることが、教育の期待される役割で

あるし、それの成功が啓蒙という現象であるとカントは主張した。

　ではどのようにすれば教育ないし啓蒙は成功するのであろうか、という課題が登場するが、哲学者カントの思索は必ずしもそれが中心命題ではなかった。カントは教育の重要性を指摘したけれども、どうすればよい教育が達成されるのかの具体論まで示したのではなかった。自律した人間の形成、主体性や自発性に満ちた人間の形成には、まわりからの強制によってなされるものではなく、あくまでも人々の自由な発想に基づいてなされるものとした。しかし、そういっても、では具体的にどうすれば人々の自由な発想によって自律性は達成されるのか、といったことをカントはさほど述べていない。具体策はないままに人々にとって教育の意義を説いたのがカントの真骨頂であり、それら具体論はカント以降の人々によって考察された、と理解してよい。

　ルソーやカントによってやや抽象的にではあるが、人間形成において教育が重要な役割を果たすことはわかったが、それを実際に実践するための教育論をもう少し具体的に論じたのが、ペスタロッチ、デュルケーム、デューイといった教育学、社会学の専門家である。

　ペスタロッチは抽象的に教育を論じたのではなく、自ら貧しい農民や孤児の教育という実践から得た経験に基づいて、教育のあり方を説いた人として有名である。『ゲルトルート児童教育法』『隠者の夕暮』『白鳥の歌』などの著作で知られる教育学者ペスタロッチは、生活に苦しんでいるので希望のない子どもに対して、どうすれば希望をもつことができるかを実践を通じて説いたのである。

　『ゲルトルート児童教育法』は早期幼児教育の担い手として母親の役割を重視しており、家庭においていかによい教育をすればよいかの手本ないし指導方法が、この書で示されているのである。ルソーの『エミール』のところでは母親のことを記述しなかったが、実はルソーによっても幼児の段階における母親の役割の重要性が指摘されており、18世紀の欧米では教育において母親は重要な地位を占めている、と考えられていた。

　母親が教育、ないし子育てにおいて重要な役割を演じるという考え方は、現代に至って一部のフェミニストから批判を受けるようになった。教育を母親だけに押しつけてしまうことの是非が問われるようになったのであり、時代によ

って教育論が変化することの1つの証拠として強調しておきたい。なお、母親が子どもの教育にどれだけ貢献するのか、そしてそれはよいことなのかどうかは、橘木・木村（2008）によって日米双方の経験が紹介されているので、参考になる。

『白鳥の歌』では人間性に3つの根本的な力、すなわち精神力（知性と言ってもよい）、心情力（感情、意思、道徳と言ってもよい）、技術力（仕事や労働を可能にするものと言ってよい）、があるとされ、それら3つを発展させるための教育の意義を説いた。ペスタロッチでは「生活が陶冶する」という有名な言葉で代表されるように、人の生活の中から教育が具現されるという思想でもって教育を理解した。必ずしも理想を高くする必要はなく、現実の生活を体験している中で、人は自然に自己発展や自己啓発するものと考えたので、ルソーの自然主義に起源をもつ考え方と理解できる。

デュルケームの教育論においてもっとも重要な貢献は、これまでは教育によって人はつくられる、ということで示されるように個人の育成というものに重きをおいていたのに対して、教育は社会生活の中において個人と個人の関係の中から生じることであるし、その社会で必要な人を生むために教育があると考えたことである。デュルケームは社会学の多分野で大きな功績を残した人であるが、教育に関しては『教育と社会学』（1922）という書物の中でその主張を提出している。

特定の社会、そして特定の時代に必要な人を育て上げることが教育の役割であると主張して、個人のためにあるとしたこれまでの抽象的・観念的な教育論を排したことで有名である。具体的には、社会生活を営むにあたって必要な価値、道徳、規範、行為様式、知識などを子どもや若者に教えるのが教育の目的であるとして、人が社会化するための手段として教育が存在すると考えたのである。人が社会化するためには、次の2つが重要と考えた。第1に、すべての市民が共通の観念や道徳をもっていることが、社会の安定に役立つことである。第2に、ひとりひとりの個性や資質を生かすことが、社会における職業生活に寄与することである。前者は「同質性」、後者は「多様性」と称してよく、この両者をうまくミックスさせることが、教育の目的であるとした。

通常それらの教育は学校でなされるので、デュルケームは前者の「同質性」の

ために共通教育を、後者の「多様性」のために職業教育の重要性を考えた。そして学校教育におけるカリキュラムと教師の役割が重要であると認識していた。特によい教師をもつことがよい教育のために必要と考えた。この主張は別に間違いではないが、教育は上から与えるもの、という意識が強調されすぎた感があった。後の時代になって、学ぶ側から教育にどれだけ関与できるか、という視点も重要だとの批判を受けることになり、教育を学ぶ側からも評価することの必要性を促すきっかけになったことは強調されてよい。

　この批判の代表例がデューイの『学校と社会』(1899) であった。19世紀に学校教育が定着し、子どもは主たる教育を学校で受けるようになった。それ以前は、家庭において日常生活の現場における衣食住にまつわる体験から、人間社会における仕事の仕方や礼儀作法、勤勉や共生の大切さ、等々を両親、親族、近所の人々から学んでいたのであった。しかし子どもが学校に行く時代になると、学校では読み書きや計算といったいわゆる知識を学習することが中心となった。教室において教師が教科書を用いながら、生徒に国語、算数、社会、理科といった様々な教科を教えるという方法が、学校における教育の形態となったのである。

　この方法が教育の主要な形態となると、デューイによると以前は家庭や社会で子どもが実生活の体験から学んでいたことの多くを失うことになると批判した。学校が知的訓練の場となるにつけ、家庭や社会で経験や見聞から学んでいたことを学ぶ機会を失い、仕事の重要さや働くことの意義を生徒が学べなくなったことを、デューイは嘆いたのである。そこでデューイは、家庭や社会で行っていた仕事や作業の諸活動を学校にも取入れて、それらの活動を学校で実際に体験することを、学校教育の一環としたのである。子ども自らが木工、料理、実験といった仕事を計画しながら行うのである。これによって子どもが仕事の意義を理解できるし、どうすれば技術の向上を図ることができるかを、自らの体験を通じて学ぶのである。

　このデューイの教育思想は、学校における知育中心の教育への批判であり、教師から受身で学ぶことだけでなく、生徒自らも能動的に学ぶことの重要性を説いたのである。こう解釈すれば、デュルケームが学校の良し悪しや教師の良し悪しが、教育の良し悪しを決定するとした教育への考え方に対して、デュー

イの思想は1つの反証を提示したとも理解できる。

　以上が人間形成のために教育がいかに役立つか、そして教育は誰によってどのようになされるべきか、という問題に関して、哲学、教育学の巨人がどのような思想を提出してきたかの簡単な要約である。主として精神的な面の人間形成において教育の果たす役割を議論したが、必ずしもこれらの巨人は教育が人の能力なり働き手として有能な人になることに寄与することを否定しているのではない。例えば、読み書き、あるいは計算に強くなることは市民の1人として生活するために必須であるが、これらの知力を教育によってもっと高めることは、その人の働き手としての価値をもっと高めることにつながる。

　ここで紹介した哲学、教育学の巨人はこうした教育の役割を認めつつも、それを積極的に議論しなかっただけである。哲学・教育学の専門家からすると教育の役割は、人の生き方や社会のルールの存在意義を教えることによって、いかに道徳や正義に忠実な人間として生きることができるかを、それぞれが知るようになることにあるとみなした。

3　働き手としての能力を高める教育

　教育を受けることによって、人は働き手としてより有能になるということに注目して、積極的に議論展開したのは経済学や社会学の専門家である。哲学や教育学の巨人が主張した教育の価値を、現実の社会でどう実践したらよいのか、というのがここでの関心である。ここで経済学や社会学の立場から教育を評価しておこう。

　経済学が教育の効果を論じるときは、読み書きをはじめとした基礎学力、そして数学、工学、法学、経営学などの専門学力、それに指導力や協調性などの人格が個人の働き手としての生産性を高めるので、稼得能力を高めることにつながることを強調する。これらのことはあくまでも個人の能力や生産性に関することであるが、教育は個人だけでなく会社や組織全体の生産性をも高める。これら個人や組織が、教育によっていかにその生産性を高めるかは後に詳細に論じることにして、ここでは代表的な経済思想を簡単に述べておこう。

　経済学の父と呼ばれるアダム・スミスの『国富論』(1776) から、スミスが

153

教育をどう理解したかを述べておこう。スミスの経済思想の真骨頂は、自由競争の経済が最も望ましい制度であることと、生産形態における分業の価値を主張したことにある。企業や労働者が市場を基軸にして、誰にも束縛されずに自由な経済行動を行うことが、もっとも効率的に生産を実行できるとしたのである。さらにその際に、企業においても労働者においても、「分業」にコミットすることが望ましいと主張した。すなわち、企業がある特定の生産品を作り、そして販売することに特化したり、労働者がある特定の仕事や作業に特化して働くことが、分業の意味するところである。

　スミスがこのように古典派と呼ばれる経済思想を主張したとの同時に、教育についてはどのようなことを考えていたのであろうか。意外なことに、スミスは現代の経済学が教えるような、教育は人の生産性を高めるという事実に、価値を見いだしていないのである。教育は人の生産能力を高めるものではないと判断した最大の理由は、スミスが分業のメリットを主張したことにある。なぜならば、労働者に関する分業の原理に従うと、単純労働に従事する一群と、高度でかつ複雑な労働に従事する一群に２分されることになり、前者の比率が後者より圧倒的に多いのが経済・社会の姿である。このような分業体制であれば、多数の単純労働者が１つか２つの単純な作業に従事する限り、それらの労働者への教育は最小限でよいということになる。なぜならば、高度で複雑な仕事に従事しないので、高い知的能力を必要としないからである。いわば読み書き、そして計算能力といった最小限の学力で十分であるとみなした。

　スミスがなぜこのような判断をしたかは、『国富論』が18世紀に出版されたものであることによって理解できる。なぜそういえるのだろうか。第１に、当時はイギリス産業革命の黎明期だったので、大多数の労働者は単純労働に従事していたという歴史的な事実がある。単純労働にはそれほど高い教育を必要としないということは、当時の理解としてはあながち不自然でなかった。

　第２に、スミスが分業を望ましい生産体制とみなしたことと関係がある。これはスミスが理想とした生産体制のあり方に基づく経済思想であり、現実にはすべての産業、企業、そして労働者がこのような分業にコミットしているとは考えにくい。確かに理想の生産体制が成就できるのであれば、スミスの教育感が妥当するかもしれないが、現実の経済がそのようになっていないのであれば、

第8章 教育は何のためにあるのか

別の教育思想が主張されるといえよう。

第3に、スミスの時代にあっては確かに単純労働者の数は多かったが、現代では高度で複雑な仕事に従事する人の数が非常に増加しているので、それらの仕事を効率的に遂行するためには、多くの人が高い教育を受ける必要がある時代になっている。従って、スミスの時代よりも教育の役割ははるかに高まっている。

スミスの教育思想は、教育が直接労働生産性を高めるのに果たす役割は小さいとしたが、人格形成上の教育まで否定した訳ではない。生産活動において生産性を高めるには、人間として道徳を兼ね備えた人でないと、企業などの組織はうまく機能しないとスミスは考えた。単純労働に従事する人であっても、礼儀や秩序を重んじて組織になじみ、良好な人間関係を構築する人でないと、生産活動はうまく進行しないので、この面での教育は必要であると主張した。これは『国富論』以前の『道徳感情論』でスミスによって主張されていた。

このスミスの考え方は、現代においても、あるいは以前にも増して重要な考え方と判断してよい。人の和が大切であること、人間生活や社会制度のルールが高度化していることなどを考慮すると、個人個人が企業などの組織人として効率よく働くためには、スミスの考えた人間形成のための教育の必要性は、以前よりもかなり高まっていると考えられる。

ここまでは西洋人による教育思想の記述であったが、3人の日本人による教育思想を紹介しておこう。それは福澤諭吉と新島襄、それに森有礼である。前2者は日本の代表的私学の創設者として知られている。前者は経済活動に貢献するための教育を、後者は経済だけに貢献する教育ではいけない、と対照的な教育感を主張しているので興味深い。

福澤諭吉は『学問のすすめ』(1880) の著者として有名であり、いわゆる「実学」の重要性を強調した。福澤による「実学」とは、学問は科学的思考法に基いて探求される必要があるが、その成果は役立つものでなければならない、というものである。ここで科学的思考法とは、自然や社会を客観的手法を用いて解明することをさす。すなわち、主観を排して、客観的に物事の道理や自然の法則を見極めることが学問において肝要であるとした。

役立つということは、学問の成果による事実の発見や本質の理解が、日常生

155

活に応用できることが期待される。そして、できるなら実用化にまでにもっていくことが望ましいという意味である。福澤は例えば、法律、経済、政治、医学、工学、農学といったように、人間生活に直接関係ある学問を重視したし、これらの学問を修めることを奨励している。これらの学問の成果が実用に移されると、人間の生活水準の向上に貢献できると考えたのである。これまでの日本の学問が、儒学や漢学を中心にした「虚学」にあったことを福澤は批判して、人間の精神形成に役立つだけの学問では日本の経済発展はない、と判断していたのである。

江戸幕府から明治維新政府に移行して鎖国体制は終了し、西洋文明が日本に流入したし、かなりの数の指導者層が欧米に視察にいった結果、日本が未発展であることが明確になるにつけ、福澤の「実学」重視は明治政府の経済発展政策、あるいは近代化路線の１つの指針となったことは確実である。福澤の教育思想を実際に結実させたのが、慶應義塾の創設であるし、「実学」を生かすために慶應卒業生の多くが経済界で活躍したことはよく知られている。

「天は人の上に人をつくらず、人の下に人をつくらず」という有名な言葉を記した福澤の教育における理想は、教師と生徒は必ずしも上下関係にあるのではなく、平等であるべきだということである。すなわち、教師と生徒が全人格的に交わることを奨励したし、教師側の権威主義的な教育を排した私立学校の特色を生んだのである。この考え方はデューイの教育思想につながる点である。

明治政府は旧制高校や帝国大学の官立学校を創設して、殖産興業に役立つ人材を養成しようとした。そこで活躍したのが、日本における初代の文部大臣だった森有礼である。森は高等教育のみならず、「小学校令」「中学校令」「師範学校令」などを公布して、初等・中等教育の充実を図ってもいる。明治19年(1886年)の「帝国大学令」によって最高学府をつくったが、そこでの教育は権威主義的な色彩があったし、指導者層としての官僚を養成することも大きな目的であった。慶應義塾はこれら官立学校とは異なる私学であることは明らかであるし、卒業生の多くが民間部門で活躍したことを銘記しておこう。

もう１人は同志社の創始者、新島襄である。新島は明治政府の殖産興業に役立つ人の養成という教育のあり方に批判的であった。この教育方針は「技芸才能ある人物」の養成と解してよいが、新島はこれを重視しなかった。これは慶

156

應を創設した福澤諭吉の教育観と反する点があるので、新島は官立学校のみならず慶應義塾をも好みでなかったと思うが、独りよがりの解釈かもしれない。いずれにせよ、新島はキリスト教の教えに忠実だったので、技能をみがく実学よりも、自由を尊重する人間の内面性に深く浸透するような人格教育を理想としたのである。明治を代表する2人の教育者、すなわち福澤諭吉と新島襄は対照的な教育思想の持主だったのである。

現代の経済学は教育の効果をどのように評価しているのだろうか。経済学の父であるアダム・スミスは、人が教育を受けることによって労働能力とか生産性の高まることに、さほどの期待を寄せていなかったことは既に述べたが、その後の経済学、すなわち現代経済学では教育は生産に役立つということを主張している。現代の経済学で特徴的なことは、それが学校教育での効果のみならず、学校を卒業してから企業で勤めたり自営業に就いてから、いわゆる仕事をしながら技能を向上させるということに注目したことにある。それを職業訓練と称してよい。あるいはOJT（オン・ザ・ジョブ・トレーニング、仕事をしながらの訓練）と称している。さらに、学校教育とOJTを総称して、人的資本という言葉がよく用いられる。人的資本の概念は労働経済学では定着しているので、後に再びそれを議論する。

まずは学校教育の効果について考えてみよう。学校教育のうち義務教育が第1の関心である。6歳になるとすべての国民が小学校に入学する。憲法でも保障されている義務教育である。親によっては子どもに義務教育を許さず、自分で私的に教育する家庭もあるが、きわめて例外的である。しかもわが国では、親があまりにも貧困なので子どもを小・中学校に行かせない例というのも、きわめて稀である。

義務教育とは何だろうか。わが国の義務教育は9年であるが、国によって義務教育の年数はかなり異なる。大まかにいって、発展途上国よりも先進国でその年数は長い。義務教育の意義こそが教育の原点なので、ここで考えてみよう。

およそ市民が人間らしい生活をするために必要な最低限の教養として、文字の読み書き、計算の方法、社会の仕組み、歴史、自然の営み、等々を知ることがあるが、それを教育するのが義務教育である。これらの知識・教養をすべての国民に与えるために、公共部門が税金として徴収した資金を用いて、費用負

担することに国民的合意がある。経済学の言葉でいえば、義務教育は公共財として認知されているのである。

すべての国民がこのような教育を受けることは、本人が市民生活を送るためにも大変貴重なことであるが、社会全体としても便益が大きいことはいうまでもない。特に一国の経済力ないし生産性を高めることに貢献していることを忘れてはならない。義務教育の完成度の高い国ほど、あるいは高等教育の充実している国ほど、経済発展の進んでいることは世界中のどの国でも明らかなので、教育が生産に貢献する程度は相当高い。それはなぜなのだろうか。

① 個々の人々が教育を受けることによって、自分のものとして資本に体化することが可能である。いわば機械という資本財が生産に貢献するのと同じように、教育が資本のように生産性の向上に貢献すると考えるのである。

② 人は教育を受けることによって、他の道具や生産資源を有効に使用する技術を容易に学べる。例えば、機械やコンピュータをうまく操作できるとか、新技術を迅速に使いこなせるとか、意思決定を早くできるという便益がある。

③ 算数、理科、読み書きなどの知識は、人間が生産活動を行なうに際して、その生産方法の理解を容易にするし、これらの知識向上は生産性の向上に寄与する。

④ 人は社会のルールや歴史などを学ぶことによって、人間生活のあるべき姿を学ぶし、社会の一員としての基本を知ることができる。例えば、動機づけ、指導力、協調性などの重要性を学ぶことによって、生産や経済の運営の仕方を改善できる。

⑤ 教育を受けた人の資質が高まっているので、企業での訓練に容易に取り組めるし、企業での訓練の効果をますます高めることができる。

9年間の義務教育を終えると、人には就職か進学かの選択があるが、現代では95％以上の若者が中等教育（すなわち高等学校）への進学を選択しているので、この選択は大きな課題でなくなった。これだけ高い比率で高校進学があるなら、学力をどう保つかということが、むしろ新しい問題として登場した時代

第 8 章　教育は何のためにあるのか

となっている。その証拠に高校中退率が高くなっていることがあげられる。

　この高い中退の 1 つの原因に、大多数の高校生が普通科に進学していることがある。国語、数学、理科、社会、英語といった諸科目を学ぶのが普通科教育であるが、これらの科目は大学進学のために役立つ、あるいは受験科目として教えられるものである。普通科在学生の多くが、できれば大学に進学したいという希望をもっているので、高校入学時にこれらの科目を勉強できる普通科をとりあえず選択して入学しているのである。

　しかし、多くの普通科の高校生が、入学後に数学、理科、英語などの 5 教科に興味をもてないか、それともついていけないことになるので、中退者が出てくるのである。こういう人は中退後に職を見つけようとしても、技能がないのでそう簡単に仕事は見つからない。あるいは、普通科を卒業したとしても、技能を習得していないので、学校から就業への移行がスムーズに進まない。一部はフリーターやニートになることがわかっている。これら普通科の中退生を出さないため、かつ高校生に仕事に役立つ技能をもっと教えるために、工業科、商業科、情報科、農業科などの職業高校をもっと充実させることが必要である。

　ところで、中等教育がなぜ働き手としての能力を高めるかといえば、既に述べた義務教育の効果と内容が同様であると考えてよい。あるいは、それよりも少し高い効果が期待できるといってよい。従って、ここでは中等教育を特掲して、なぜ働き手としての能力を高めるのかを論じることはしない。むしろ、大学を中心とした高等教育に注目する方が興味深い。人はなぜ大学への進学を希望するのであろうか。

① 　大学を出れば、よい職につけるとか、大企業に就職できるといったように、よりよい就職機会があるだろう、と予想できる。これは能力を蓄積した人が大企業で働けば、高い資本設備と結びつくことによって、非常に高い生産性を生むことが可能になる、という意義が少なくとも日本においてあることを強調しておこう。

② 　医学、薬学、法学、工学といった専門知識の取得が、医者、薬剤師、法曹界、エンジニアといったレベルの高い仕事に従事するための必要条件となっている。いわば専門家への道を歩むのに大学教育が必要なのである。

159

福祉、芸術、経済、経営などの専門分野もそれに近い効果がある。
③　①と②の帰結は、大学への進学は高い所得を稼ぐことができる可能性を高めている。
④　未知の世界への好奇心と、新しいことを学びたいといったような純粋な学問的動機をもっている人もいる。
⑤　皆が大学に進学するからとか、大学を出た方が社会生活において劣等感をもつことが少ないとか、良い配偶者に巡り合える、などといった俗物的な動機をもつ人もいる。

　ここで述べた大学教育を受ける5つの動機は、必ずしも高等教育を受けることが働き手の労働能力を高めるものばかりではない。しかし、①や②は高等教育の効果が人の生産性の向上に役立つことを示しているし、その効果は義務教育や中等教育よりも大きいといえる。そのことを経済学は人的資本理論として解釈している。

　義務教育を説明したときに、人は教育を受けることによって生産性が高まることを示したが、人的資本理論は生産性の高まりが賃金に反映されると考える。すなわち、教育による労働者の資質向上と生産性の高まりがあれば、企業の収益力を高める可能性が高い。それが労働者に高い賃金として還元される、と考えられるのである。

　人的資本理論は、この大学進学による賃金上昇効果が授業料のコストを上まわったときに、人は大学進学を決意するものと理解する。ただし、大学教育中の放棄所得（高校卒業後の4年間を進学せずに労働すれば稼得できた所得）もコストに含まれることを忘れてはならない。この人的資本理論の思想は、アメリカのシカゴ大学を中心にした経済学者によって主張され、シカゴ学派を代表する1つの考え方である。代表的文献は Becker(1964) である。

　教育は人の生産力を高めることと信じられ、それが稼得能力の増加をもたらすので、高い教育を受けることを人は望む（すなわち需要）とする考え方は、アメリカでかなり支持されている。しかも、この考え方はデータによっても確かめられており、大学教育を受けた人の生涯賃金が、大学教育を受けていない人のそれよりも高いことが示されている。

第8章　教育は何のためにあるのか

　人的資本理論に対して、教育の効果を稼得能力の上昇に求めるよりも、人を選抜するときの情報として使われることに重視する考え方がある。教育を受けたことによって、本人の潜在能力の高さを示す情報が発信・伝達され、就職や昇進の決定に際して企業がその情報を積極的に使うとする考え方である。「情報の経済学」に立脚して、教育の果たす役割を選抜（すなわちスクリーニング）の手段に求めるのである。企業が大学新卒を採用するときに「指定校制度」をとる場合があるが、これが典型的なスクリーニング仮説の例となりうる。

　教育の本質は人的資本理論で説明できるのか、それともスクリーニング仮説がより妥当するのかを考えてみよう。この2つの考え方は、ともに教育は人の能力を高めるという認識では一致しているが、見方と力点が異なっているのである。人的資本理論では、人の能力増加がそのまま賃金上昇につながるとする点に力点がおかれるが、スクリーニング仮説では教育の情報伝達機能に力点をおくものである。前者では高学歴の人は必ず低学歴の人よりも所得が高いが、後者では必ずしもそのことを主張せず、高学歴の人の賃金が低学歴の人の賃金よりも低いことがありうることを容認する。

　わが国の労働経済学者の間では、人的資本理論の信奉者が多いが、著者はむしろスクリーニング仮説を支持している。少なくともわが国の教育の経済効果に関していえば、スクリーニング仮説を支持する根拠は次のとおりである。

　第1に、低学歴の人が高学歴の人よりも高い生涯賃金を受け取る例は、確かに多数派ではないが、無視できるほどの少ない例ではない。例えば、中小企業における低学歴の経営者と大企業において出世しなかった高学歴のサラリーマンとの比較、大学卒業後一流企業に勤務した人と大学院まで出た大学の先生との比較をすれば、それぞれ前者の方が後者よりも所得が高いといえる。これらに関してはTachibanaki(1996)参照。

　第2に、企業の指定校制度、採用や昇進における大学卒と高校卒の有利さの違い、大学卒でも、銘柄大学とそうでない大学卒業者の間で昇進の差がみられる。

　第3に、わが国に特有かもしれないが、人が大学進学を決める要因は高賃金を目的とすることもさることながら、非貨幣要因が多いといえる。例えば、親が経済的な理由で大学に行けなかったので、せめて子どもだけは大学へと親が

161

勧める、よい配偶者を見つけるために大学へ行く、兄弟姉妹や親類、近所の人が大学に行くので自分も行かねば格好が悪い等々、およそ賃金や所得とは関係のない動機で大学に行くことがかなりある。

スクリーニング仮説を支持する強力な根拠として、もう1つ忘れてならない点がある。それは、大学教育が就業や職業決定に大きな役割を演じている点である。医師になるためには医学部を、薬剤師には薬学部を、裁判官や弁護士になるには法学部を卒業することがほとんど義務である。技術者になる人の多くは工学部や理学部を卒業しているといっても過言ではない。小・中・高の教員になるにも大学卒が有利である。このように考えると、大学卒業が特定の職業に就くためのパスポート的役割を果たしているといえる。大学の専門教育が就業を決定するためのスクリーニング機能を演じているのである。

逆にいえば、大学進学の際にどの学部に行くかは、その人の職業を決定するといっても過言ではない。会社のサラリーマンや一般の公務員は法学部、経済学部、商学部が中心なので、どの学部を卒業したかはさほど重要ではないが、医師や法律専門家のように資格や国家試験の合格を必要とする職業や、理科系の多くの職業では、大学の専門教育がスクリーニング機能を果たしていると解釈できる。サラリーマンや公務員にあっても大学卒業が有利に作用するという意味では、教育によるスクリーニング(選抜)が働いているともいえる。

最後に、教育の効果を論じるに際に無視できない、企業での訓練のことを評価しておこう。これは特に人的資本理論の範疇で議論されることが多い。企業は従業員に様々な形態でもって訓練を施す。企業内で仕事を続けながら訓練を受けるのをOJTと称し、企業の外に出て講習や研修を受けたり、大学にしばらく戻って研究するようなことをoff-JTと称する。いずれにしても、学校教育を終えて企業に就職してからの訓練である。

これらの訓練は仕事をうまく遂行するための技能を獲得することが大きな目的である。従って、現在働いている企業の生産性を高めることに寄与することから、人的資本理論では企業特殊人的資本と呼ばれることがある。ちなみに学校教育での人的資本蓄積は、特定の企業だけに役立つものではなく、卒業後多くの場合どの企業にも役立つ技能を習得することになるので、一般人的資本と呼ばれることがある。

第8章　教育は何のためにあるのか

　企業特殊人的資本と一般人的資本の違いは、誰がその利益を受けるのかということに加えて、誰がその費用を負担するのかということとも関係がある。一般人的資本では学校教育の場で蓄積されるので、企業の負担はなくそれぞれの個人が教育費を払うので、個人が負担すると考えてよい。一方、企業特殊人的資本では企業の負担が通常であるが、訓練を受けている期間に賃金カットなどが伴うこともあるので、この賃金カット分を労働者の負担とみなすことも可能である。従って、企業特殊人的資本の負担に関しては、誰が負担をしているのか、一般論として明確に述べることは困難である。

　特定の企業にだけ役立つ技能を修得する人的資本では、もう1つの問題点がある。それは労働者がその企業を辞めて退職した場合のことである。特にその訓練費用を企業が負担していれば、技能を修得してもその企業で生かされる前に退職されては、訓練費用を回収できないことになる。十分訓練費用を回収してから、その労働者が退職するならまだしも、もっと恐れることは訓練してその労働者の生産性が高まってから、同業他社に転職したときである。

　例えば、A銀行で企業特殊訓練を蓄積した人が、B銀行に転職すれば、A銀行でのすべての技能がB銀行で役立つことはないが、かなりの部分の技能が役立つものと予想できる。さらに、A銀行での経営秘密や特殊情報がB銀行に流れるようなことがあれば、A銀行のダメージは相当大きくなる。秘密の情報や経営のノウハウを企業特殊訓練の賜物とまでいい切れないが、転職にまつわる技能や情報の移転は、様々な論点を提供している、ということをいいたかったのである。

　社会学から教育を議論する場合には、経済学と比較するとさほど賃金や所得への効果を分析することはない。教育社会学と呼ばれる学問分野があるが、そこでの関心は主として次の3つである。第1は、どのような教育を受けた人が、どのような職に就いているか、ということ。第2に、親の教育水準、職業、それに経済状況が、子どもの教育達成にどのような影響力があるかを調査して議論すること。第3に、子どもの学力がどのように形成され、その学力がその後の人生にどうつながっていくか、という論点である。

　経済学との関係に注目すれば、教育を受けることによってどのような職業に就くのかという論点が大いに興味深い。経済学は教育がどれだけ所得差を生む

163

のか、すなわち教育→職業→所得という経路に注目せずに、教育→所得という直接効果に注目して、両者の間に入る職業の効果を無視する傾向がある。すなわち、社会学は教育→職業の効果に注目するのに対して、経済学は教育→所得が中心課題である。本来ならば、教育→職業→所得という経路を探求することが重要なので、社会学者と経済学者が共同で、教育、職業、所得の相互依存関係を分析することが期待される。

終　章

教育改革に向けて

　本書は教育の問題に関して、様々な角度から分析を試みた。筆者達は教育学の専門家ではなく、経済学の専攻なので、教育を受けたことが人々の職業経路や所得の決定にどのような効果があるのかを分析できる。教育を論じるときに重要な課題、すなわち人々が精神的に向上するためになぜ教育を受けねばならないのか、という教育哲学上のことを分析できるような基礎学識に欠けているので、それに関しては最小限にとどめた。

　教育を受けてから学校を卒業して、どのような職に就き、どれだけ所得を稼ぐかといった利益なり不利益を知ることができれば、その利益を求めて（あるいは不利益を避けるため）どういう人々がどういう教育を受けたいと思うか、ということについては分析が可能である。本書では、このようなことに注目して、人々はどのような教育を望み、それをいかに達成し、それがどのような効果を生んでいるか、を分析したものである。

　これらのことを分析するに際して、論点は山のようにあった。これらすべての課題を分析するということは、1つの書物の範囲で行うことは不可能だし、なによりも著者達の能力の限界がある。そこで分析するテーマをいくつかに限定するとともに、現代の日本が抱えている社会・経済の問題を解決する上で、教育がいかに関与しているか、といった問題を取り上げて、集中的に分析を重ねるという手段をとった。

　それらの問題とは、（1）格差社会への対応、（2）一部の私立校（小・中・高・大などすべての学校段階において）への人気殺到、（3）理工系離れ、（4）地域の問題、（5）社会人としての能力発揮が十分できない、等々である。

　貧富の格差が拡大し、階層の固定化が進行する日本では、教育の果たす役割はとてつもなく大きい。これらの現象を是正するためには、誰もが望む教育を

165

受けられるような制度を用意することが1つの解決策である。すなわち、教育の機会平等を達成することが重要な政策目標となる。しかし、一部の私立校に人気が殺到しているという事実は、これと逆の方向を進んでいるかもしれないことを暗示している。公立校の疲弊が背後にあるかもしれない。これらのことを本書で分析してみた。

　教育が学校でうまく実践されれば、子どもの学力低下や社会人になってから学識・技能をうまく生かせない、ということは発生しない。どのような教育を行えばよいのか、という学校現場における先生の教え方、生徒・学生の学び方、そして学校経営や学部編成のあり方、などを議論することは教育学の専門家、あるいは現場の先生方の論議に期待したい。しかし、教育の効果を知ってもらうことによって、何が問題として解決されねばならないかが、本書を読めば読者に明瞭に伝わると期待している。ここでの分析結果は何をどう変えなければならないかを議論する上での資料になりうると確信している。

　本書で明らかになったことを、いくつか具体的に示しておこう。第1に、学歴が高ければ、よい職業に就けて、かつ高い所得を稼得できるということは、ほぼすべての国で観測される事実である。日本においてもこれは確かめられるが、その影響度が高くなっている。すなわち、高い教育を受けた人の受ける利益が以前より高くなっている。さらに、いわゆる銘柄大学の出身者の利益も高いことが確認され、学歴社会をどうとらえたらよいのか、新しい問題を提起した。

　親の収入が高ければその子どもが高い学歴を得る確率が高いというのは、多くの人の知っている事実である。これに加えて本書でわかったもう1つの重要な発見は、教育が媒介する間接効果以外に、子どもの収入の高いのは、親の収入が高いことによる直接効果としても作用していることが判明したことにある。例えば、子どもが親の事業を直接引継いだことを考えればわかりやすい。ここで間接効果とは、親の収入が高ければ子どもの学歴も高く、かつ子どもの学歴が高いことが子どもの収入を高くする、という2つの効果を合算したものである。これら2つの効果とも強いことは、既に確認されている。繰り返しになるが、直接効果は子どもの教育が媒介する効果を考慮しないものである。

　興味ある事実は、親の豊かさや学歴の効果が子どもの収入にあると一般論で

終章　教育改革に向けて

は確認されるが、それが父親の学歴かそれとも母親の学歴かによって効果の違いがあることである。一方子どもに関しても、それが息子であるかそれとも娘であるかによって、受ける影響力に違いのあることがわかった。詳しいことは本文に譲るとして、家庭環境を示すときにそれが父親の学歴なのか、それとも母親の学歴かによって、また子どもに関しても、注目するのが息子か娘かによって、効果の程度が異なることがわかったのである。さらに、母親が専業主婦であるかどうかも、子どもの教育や収入に影響がある。

　ついでながら、子どもが算数を好むかどうかということが、子どもの大学進学に際して理科系に入学するのかということに効果がある。さらに子ども（特に娘）が、教育を終了してから働くのか、働かないのかの決定にもある程度の影響力のあることがわかった。この事実は、第3章で明らかにされたように、日本において理系出身の人が医学部出身の人を除いて、さほど恵まれた職業生活を送っていないこととどう関係するのか、新しい論点を提供している。

　第2に、子どもを私立学校に進学させる親の数が増加している。小学校を公立にするのか、それとも私立にするのかを決定するのは主として親だと思われるので、このように親の決定事項と述べても不都合はない。しかし、中学校入学時では、子どもの学力もややわかり始めたので、一部の有名私立の中高一貫校に進学するのは、銘柄大学への進学を目標においたものとみなしてよい。

　私立の小中学校への進学する生徒の数はまだ少数派であるが、なぜ私立校への進学希望者が増加しているかに関しては、公立学校への不満の程度が高まっているのが主たる理由である。それは公立校における学力低下、いじめ問題、校内暴力など様々な要因が示されている。さらに、一部の恵まれた家庭の子弟が集まる私立小中学校であれば、質の高い教育を受けられそうだし、そこでの級友を通じた強い人的ネットワークを形成できる、という期待も当然ある。

　ここで生じる困難な問題は、では私立の小中学校に進学させられる親の家庭環境は、教育、職業、所得水準から判断してかなり恵まれた階層であることが明白なので、教育の機会均等という観点からどう評価すればよいのか、ということである。公立学校が荒廃していれば、質のよい一部の私立小中学校に子どもを進学させたいと希望する親の気持ちを非難できない。子どもによい教育を受けさせたいと願うのは、親の心情として自然なことである。

167

しかし、親の所得が低ければ私立の小中学校に進学させられない。私立学校の学費の高さがある。例えば私立の慶應幼稚舎では年額150万円前後が必要である。さらに、入学準備のために塾やその他でかなりの経費がかかることもある。私立学校に進学できない子どものために、公立学校の充実策が特に要請される。これには公費の教育費支出をもっと増加させて、一学級あたりの生徒数を減少させたり、質の高い教師の数を増加させる案が、さしあたっての対策である。よく知られているように、日本の公教育支出額が対 GDP に占める比率は、OECD 諸国の中で最低水準である。

もっと深刻な問題は、苅谷剛彦氏の主張する「学業意欲の格差」に関することである。階層の低い家庭では、親と子どもの双方に高い学業意欲がないので、結果として低い学歴しか達成できないことが多い。従って、子どもも階層の低い層になってしまうのである。もっとも、ごく一部の能力・意欲の高い子どもは、たとえ親の所得が低くとも、小・中・高校を公立学校で学び、その後、質の高い大学に進学することが、一昔前であれば可能であった。しかし、公立学校が疲弊した現代であれば、そのことがやや困難となりつつある。

逆に高い階層の家庭では、親子ともども教育熱心なので、結果として高い学歴を得て高い階層に属することになる。私立の小中学校に進学させるのも、このことを成就するための1つの方策なのである。

この問題への処理策は、まず公立の小中学校の充実という、既に述べたことを繰り返し主張するしかない。親の所得が低い子どもは公立学校に通わざるをえないので、これが第1の政策となる。教育予算が充実すれば、1学級あたりの生徒数が減り、かつ質の高い教師が確保されるようになれば、公立学校での教育の質が高まるだろうから、学業意欲の低い生徒の学力向上にもある程度期待が抱ける。

実は、これらの問題を解決するのに役立つ1つの案として、視点を変えて次のようなことを主張したい。日本の学校教育が、国語、数学、社会、理科、英語といった、いわゆる大学進学に直結する学問の習得に集中しすぎていることを是正することだ。上記の学問習得に集中するのは、大学への進学を教育の最終目標と考える社会的な風潮がその原因となっている。別に大学に進学しなくてもよく、商業、工業、農業などの実業教育を徹底して教育し、高い技能を習

終章　教育改革に向けて

得した人をもっと重視する社会にすれば、学業意欲の格差問題はかなりの程度解決するのではないだろうか。

　具体的には、高校での普通科教育の比重を下げて、商業科、工業科、情報科、農業科をはじめとした、実業科で学ぶ学生の数を増加させる政策である。このような学校で学んだ学生の技能レベルが高くなれば、企業での賃金も上昇するだろうし、自営業者として成功する確率も高まるだろう。こういう社会が達成できれば、過剰な数の子どもが大学を目指さなくなるだろう。日本は既に18歳の人口のうち、半数強が大学・短大に進学する時代となっているので、大学生の数は過剰気味なのである。大学進学のために、国語、数学、英語などの勉強で悩む子どもの数を減少させるのである。これこそが学業意欲格差社会の是正につながると期待できる。

　もとより、たとえ大学・短大に進学する学生数が、同年代人口の半数を超えてもかまわない、という主張もありうる。国民の平均教育水準の高まること自体に価値があるとみなせるからである。しかも、大学進学への希望は日本人の間では高い。そのような状況を容認するなら、大学での教育内容を高校段階で述べたように、もっと実務に役立つ専攻にもっていく必要がある。

　私立学校への進学希望者の増加ということに関しては、第2章で早慶両大学の地位がなぜ高まってきたかを論じた。大学における私立大学と国公立大学の学費差の縮小、入学試験方式の変化、東京への一極集中化、早慶両校の先輩の活躍が目立ってきた、などを論じてみた。

　大学入学の段階ともなれば、個々の高校生における学力差もかなり明確になるので、早慶に人気が高まって質の高い学生が入学することに何も問題はない。国公立と私立を問わず、公正な競争を行う雰囲気があるのなら、名門校・非名門校の違いが出るのは、ある意味で当然の帰結である。小中学校の義務教育のように、すべての国民に最低限の教育を施すという目標は、高校、特に大学では当てはまらないからである。ただし、名門校、ないし銘柄大学に入学するに際して、それを願う学生には、平等な機会の与えられることが肝心である。例えば、親の階層の高低によって機会の平等が阻害されないようにする必要がある。

　第3に、第4章では学生が大学進学の際、どの学部を選択するのかを分析し

169

た。そして第3章では理工系を卒業した人の出世や所得が、不利な人生経路にあることを明らかにした。理系に進学する学生は、親が理系のDNAをもっている場合が多く、かつ本人も数学や理科などの理系の科目に好感度をもっていることがわかったし、自分が理工系を専攻したことに誇りをもっていた。

　しかし、卒業後の人生をたどると、文系の人や医学部に進学した人と比較すれば、企業や官庁での昇進は不利だし、所得に関しても、一般に低いことがわかった。特に同じ理系であっても、医者の所得と比較すればかなり低いのである。もっとも理系の人の所得の分散が低い、ということは念頭においておきたい。なぜ理工系の人が企業などで不遇であるかを明らかにしたが、本人達の責任も多少あるとはいえ、基本は日本の社会が理系出身の人をそれほど評価してこなかったことにある。

　理系に進む人は、数学などの学力は高いし、大学での勉強も半分は強制かもしれないが、よく努力して技能・技術を高めている。それなのに社会でふさわしい処遇をされていないのなら、日本社会全体としても不幸である。製造業をはじめとしたモノづくりの産業は、天然資源の乏しい日本では生命線である。理工系出身の人をもっと重視して高い処遇をしないと、日本経済はますます弱くなる可能性が高い。高校生達は日本において、理工系卒業者が冷遇されていることを知り始めており、理工系への進学希望者が低下しているし、学力の低下が目立ち始めている。理工系の人をもっと優遇するように、抜本的な政策転換をせねばならない時代となっている。

　第4に、中央と地方の間の格差は、現代の日本で大きな社会問題となっている。この問題を解決せねばならないのは確実であるが、教育に関しても同じような問題がある。それは、第6章で議論したことであるが、地方で義務教育、中等教育、ときには高等教育を受けた人が中央に出てから就職して、地方に戻らなかった場合を考えてみよう。統計によると、地方で高校を卒業して中央で大学教育を受けてから、そのまま中央に残る場合が多いことがわかっている。

　地方での教育負担を全額地方の人の税で行っているのなら、中央に移って地方に戻ってこなかった人の利益が、地方に還元されないことになる。すなわち、地方が地方税だけで高校までの教育費を支出しているなら、このような人への教育投資が地方にとってムダとなることがわかるので、今後の教育投資を控え

終章 教育改革に向けて

る恐れがある。それを阻止するのなら、地方での教育費支出を全額国庫負担とすれば、たとえ人が地方から中央に移動しても、問題は生じないことになる。なぜなら、地方での教育費負担を地方の人ではなく、国民全員の税負担で行うからである。義務教育を国庫負担にするのか、地方負担にするのか、それともその折衷にするのか、中央と地方の格差是正のためには、教育費負担のあり方も大きく関係していることがわかったのである。

第5に、人々は自分の受けた教育を、自己評価でどうとらえているかということを分析して、これまでさほどなされてこなかったことなので、新しい発見を提供した。具体的には、この作業を第7章で行った。さらに第8章では、人が教育を受けることの意義を理解するために、教育哲学や経済学がどのようなことを主張してきたのか、簡単に紹介した。

意外というべきか、当然というべきか、日本の人々は自分の受けた教育は有意義だったと評価していることがわかった。これは高学歴な人ほど積極的な評価の程度が高いので、大学教育はそれなりの価値があったといえる。もとより、就いている人の職務によって評価の異なることは無視できないし、どの点で有意義だったのかに注目すれば、評価は様々であることに留意したい。詳しいことは本文を参照されたい。もとより、これは自己評価に基づく結果なので、社会全体から見るとどうか、という視点も重要である。

意外だったのは、大卒者であってもいわゆる銘柄大学の卒業者が、受けた教育の効果を評価していないことであった。本書のいくつかの章において、銘柄大学の卒業生は就職先や昇進、そして稼得所得において有利であることが明らかにされているが、自己評価では否定的な判断しかしていない。

なぜだろうか。様々な仮説が考えられる。第1に、自分達が社会において優遇されていることを認識していない。第2に、銘柄大学を卒業したのであるから、もっと優遇されてしかるべきと判断している。第3に、例えば東大出の人の間で、ものすごく出世した人は非常に高い処遇を受けているが、自分は並の出世か、むしろ出世していないので、その人達と比較すれば、自分の劣位が目立つから、銘柄大学卒業は役立っていないとみなす。自己の実力を過大評価しているか、それとも嫉妬のなす業かもしれない。

世の中では銘柄大学卒業だけでは通用しない時代となっている。とはいえ、

171

銘柄大学卒業の有利さは、受験勉強を頑張ったという努力の姿勢の持ち主ということを顕示したことと、学力が優秀ということで、卒業後の入職の段階ではかなり有利に評価されていることは間違いない。一昔前では入社試験において、受験できる大学を限定した指定校制度があったし、現在でもそれは根強く残っている。官庁の上級職の試験や司法試験においても、銘柄大学の卒業生の合格者数が多いことでもわかる。

しかし、社会での経験を重ねると、人の評価はその人の仕事の処理能力と、示された実績でなされる時代となっている。換言すれば、銘柄大学の卒業生であっても、これらで成果を上げないとタダの人となる可能性が大であることを銘記せねばならない。

最後に、教育学や経済学からは、教育を受けることをどのように理解し、評価しているのか述べておこう。ここでの教育は必ずしも学問などの知的教育のみを意味せず、既に主張したように実業に役立つ技能教育をも含んでいる。教育哲学者の中には、例えばデューイで代表されるように、仕事や作業の習得の意義を教育として強調している人もいる。日本においても、慶應義塾の創始者である福沢諭吉は、「実学」の有用性を説いている。だたし、多くの教育哲学者は、教育によって人間としての正しい生き方、ないし正義、倫理、協調といった精神面の向上を学ぶことができるとしている。このように、人間として高い素養を蓄えて立派に育ったとき、生産活動にもよい効果をもたらすことは明白であり、教育学と経済学が融合して教育問題を語ることの意義がある。

まとめておこう。教育は多くの分野で歪みが生じている。所得格差拡大の結果として生じる教育格差の拡大、公立学校の疲弊と一部の私立学校の隆盛、子どもの得意・不得意科目、学校教育での成果が社会における生産活動で生かされていない、理工系の人気低下、中央と地方の格差、などが本書での関心であった。これらの諸問題の解決のため、教育の分野で思いきった改革がなされないのであれば、日本の将来は暗いと結論せざるをえない。

参 考 文 献

赤井伸郎・佐藤主光・山下耕治(2003)『地方交付税の経済学』有斐閣.

赤林英夫(2007)「学校選択と教育バウチャー：政策と研究」『現代経済学の潮流
2007』東洋経済新報社、pp.189-216.

安部由起子(1997)「就職市場における大学の銘柄効果」中馬宏之・駿河輝和編『雇
用慣行の変化と女性労働』東京大学出版会、pp.151-170.

有田富美子(2002)「少子化と女性の就業観：インターネットアンケートを基にして」
『一橋大学経済研究所 Discussion Paper』一橋大学経済研究所、No.113.

荒井一博(2002)『教育の経済学・入門』 勁草書房.

荒井一博(2007)『学歴社会の法則：教育を経済学から見直す』光文社新書.

荒牧草平(2006)「高等教育制度の変容と教育機会の不平等」『3 学歴社会と機会格
差』日本図書センター、pp.27-44.

岩瀬彰 (2006)『「月給百円」サラリーマン：戦前日本の「平和」な生活』講談社現代
新書.

岩村美智恵(1996)「高等教育の私的収益率」『教育社会学研究』第58集、pp.5-28.

岩本健良(2006)「教育機会の不平等の構造と変動」『現代日本階層調査研究資料集 3
学歴社会と機会格差』日本図書センター、pp.59-72.

浦川邦夫・松浦司(2007)「格差と階層変動が生活満足度に与える影響」『生活経済学
研究』No.26、pp.13-30.

浦坂純子・西村和雄・平田純一・八木匡(2002)「数学学習と大学教育・所得・昇
進：「経済学部出身者の大学教育とキャリア形成に関する実態調査」に基づく
実証分析」『日本経済研究』No.46、pp.1-22.

大橋勇雄(1995)「会社のなかの学歴社会」橘木俊詔・連合総合生活開発研究所編
『「昇進」の経済学』東洋経済新報社、pp.181-203.

小塩隆士・妹尾渉 (2005)「日本の教育経済学：実証分析の展望と課題」『経済分析』
第175号、pp.105-139.

片岡栄美(2006)「教育達成におけるメリトクラシーの構造と家族の教育戦略」『現代

173

日本階層調査研究資料集3学歴社会と機会格差』日本図書センター、pp.171-202.

苅谷剛彦（2001）『階層化日本と教育危機：不平等再生産から意欲格差社会』有信堂高文社.

苅谷剛彦（2004）「「学力」の階層差は拡大したか」苅谷剛彦・志水宏吉編『学力の社会学』岩波書店、pp.127-151.

苅谷剛彦（2005）「義務教育費国庫負担金制度と人件費の将来推計」『総合教育技術』、pp.93-97.

川北力編（2003）『平成15年度版　図説日本の財政』.

川口章（2001）「女性のマリッジ・プレミアム：結婚・出産が就業・賃金に与える影響」『季刊家計経済研究』51号、pp.63-71.

川口大司（2006）「小学校入学時の月齢が教育・所得に与える影響」『NSRI Discussion Paper Series』No.162.

川口大司・森啓明（2007）「誕生日と学業成績・最終学歴」『日本労働研究雑誌』第569号、pp.29-42.

吉川徹（2006）『学歴と格差・不平等：成熟する日本型学歴社会』東京大学出版会.

小池和男・渡辺行郎（1979）『学歴社会の虚像』東洋経済新報社.

貞広斎子（1999）「定量的選好モデルを用いた親の学校選択行動分析」『日本教育行政学会』、pp.103-116.

近藤博之（2006）「社会移動の制度化と限界」『現代日本階層調査研究資料集3：学歴社会と機会格差』日本図書センター、pp.137-170.

佐々木洋成（2006）「教育機会の地域間格差」『教育社会学研究』第78集、pp.303-320.

佐藤俊樹（2000）『不平等社会日本：さよなら総中流』中公新書.

島一則（1999a）「大学進学行動の経済分析：収益率研究の成果・現状・課題」『教育社会学研究』第64集、pp.101-121.

島一則（1999b）「高度成長期以降の学歴・キャリア・所得」『組織科学』Vol.33、pp.23-32.

新藤宗幸（2005）「タテの行政系列をどのように認識するか」『日本教育学年報』No.31、pp.80-89.

盛山和夫他編（2000）『日本の階層システム全六巻』東京大学出版会.

盛山和夫・原純輔・白波瀬佐知子編（2008）『リーディングス　戦後日本の格差と不平等（全三巻）』日本図書センター.

高木浩子（2004）「義務教育費国庫負担制度の歴史と見直しの動き」『レファレンス』、pp.7-35.

武内真美子・中谷未里・松繁寿和（2006）「学校週5日制導入に伴う補習教育費の変

化」『季刊家計経済研究』、pp.38-47.

橘木俊詔(1997)『昇進のしくみ』東洋経済新報社.

橘木俊詔編著(2004)『封印される不平等』東洋経済新報社.

橘木俊詔(2006)『格差社会——何が問題なのか』岩波新書.

橘木俊詔・木村匡子(2008)『家族の経済学』NTT出版.

中島太郎(1970)『戦後日本教育制度成立史』岩崎学術出版社

永瀬伸子・長町恵理子(2002)「教育コストの変化と家計構造」『社会科学研究』第53巻第5号、pp.179-193.

西村和雄(2003)「「ゆとり教育」を経済学で評価する」伊藤・西村編『教育改革の経済学』日本経済新聞社、pp.13-27.

野崎祐子(2006)「男女間賃金格差の要因分解」『生活経済学研究』pp.151-166.

林宜嗣(1995)『地方分権の経済学』日本評論社.

樋口美雄(1992)「教育を通じた世代間所得移転」『日本経済研究』No.22、pp.137-165.

樋口美雄(1994)「大学教育と所得分配」石川経夫編『日本の所得と富の分配』東京大学出版会、pp.245-278.

ベネッセ教育総研(2004)『学生満足度と大学教育の問題点』.

ベッカー(1976)『人的資本』東洋経済新報社.

本田由紀(2003)『若者と仕事:「学校経由の就職」を超えて』東京大学出版会.

本田由紀(2005)「子どもというリスク」橘木俊詔編著『現代女性の労働・結婚・子育て:少子化時代の女性活用政策』ミネルヴァ書房、pp.65-93.

増田晶文(2007)「早慶「大学力」を診断する」『文芸春秋』9月号、pp.184-191.

松浦克己・滋野由紀子(1996)「私立校と公立校の選択:塾との関係を考慮した小中学校段階での学校選択」松浦克己・滋野由紀子『女性の就業と富の分配』日本評論社、pp.61-85.

松浦司(2006)「階層・学歴・学力が所得にあたえる影響について」『経済論叢』第178巻第3号、pp.110-129.

松繁寿和(2002)「社会科学系大卒者の英語能力と経済的地位」『教育社会学研究』第71集、pp.111-128.

松繁寿和(2003)「格差の始点:小学校での成績とその後のライフコース」OSSIP Discussion Paper:DP-2003-J-009.

務台俊介(2004)「半世紀を経て繰り返される義務教育財源論」『自治研究』、pp.80-110.

森剛志(2007)「教育格差が資産形成に与える影響」橘木俊詔編『日本経済の実証分

析』東洋経済新報社.

森剛志・松浦司(2007)「開業医の地位継承に関する実証分析」『医療経済研究』Vol. 19. No.2、pp.169-183.

盛田昭夫(1966)『学歴無用論』文芸春秋.

文部科学省編集(2005)「義務教育の改革について」『文部科学時報』、pp.11-51.

八代尚宏・伊藤由樹子(2003)「専門職大学院の経済分析」伊藤隆敏・西村和雄編『教育改革の経済学』日本経済新聞社、pp.123-150.

八代尚宏(2007)『「健全な市場社会」への戦略』東洋経済新報社.

吉田浩・水落正明(2005)「育児資源の利用可能性が出生力および女性の就業に与える影響」『日本経済研究』No.56、pp.76-95.

Angrist,J.D.,(1990) "Lifetime Earnings and the Vietnam Era Draft Lottery:Evidence from Social Security Administrative Records" *American Economic Review*, 80, pp.313-336.

Angrist,J.D., and Krueger, A.B.,(1991) "Does Compulsory School Attendance Affect Schooling and Earnings?" *The Quarterly Journal of Economics*, 106, pp.979-1014.

Ashenfelter,O.and Rouse, C.,(1998) "Income, Schooling, and Ability: Evidence from a New Sample of Identical Twins" *The Quarterly Journal of Economics*, pp.253-284.

Bauer,P. and Riphahn,R.T.,(2006) "Timing of School Tracking as a Determinant of Intergenerational Transmission of Education" *Economic Letters*, 91, pp.90-97.

Becker,B.S.,(1964) *Human Capital*, The University of Chicago Press. = (1976) 佐野陽子訳『人的資本：教育を中心とした理論的・経験的分析』東洋経済新報社.

Card,D.,(1999) "The Casual Effect of Education on Earnings" In Ashenfelter,O., Card,D.,(eds),*Handbook of Labor Economics*, vol.3. North‐Holland,Amsterdam., pp.1801-1864.

Carneiro,P. and Heckman,J.J.,(2002) "The Evidence of Credit Constraints in Post-Secondary Schooling" *The Economic Journal*, 112., pp.989-1018.

Coleman,J., Hoffer,T., and Kilgore,S.,(1982) *High School Achievement: Public, Catholic, and Private Compored*, Basic.

Currie,J. and Thomas,D.,(1995) "Does Head Start Make a Difference?"

American Economic Review, Vol.85 No.3, pp.341-364.

Freeman,R.B. and Medoff,J.,(1984) "What Do Unions Do？",Basic Books.

Gagne,R. and Leger,P.T.,(2005) "Determinants of physician' decisions to specialize" *Health Economics* 14: pp.721-735.

Heckman,J.J.,(1995) "Lessons from the Bell Curve" *Journal of Political Economy*, Vol.103 No.5, pp.1091-1120.

Heckman,J.J., and Krueger,A.B.,(2004) *Ineguality in America: What Role for Human Capital Policies*?, MIT Press.

Herrnstein,R. and Murray,C.,(1994) "*The Bell Curve: Intelligence and Class Structure in American Life*" New York: Free Press.

Hirschman,A.O.,(1970) *Exit, Voice, and Loyalty: Responses to Decline in Firms, Organizations, and States*, Harvard University Press. = (2005) 矢野修一訳『離脱・発言・忠誠：企業・組織・国家における衰退への反応』ミネルヴァ書房.

Hoxby,C.M.,(2000) "Does Competition among Public School Benefit Students and Taxpayer" *The American Economic Review*, 90(5), pp.1209-1238.

Hoxby,C.M.,(2002) "Would School Choice Change the Teaching Profession?" *Journal of Human Resource*, Vol.37(4), pp.846-891.

Hsiao,C.,(1986) *Analysis of Panel Data*, Cambridge Univ. Press.

Ladd,H.F.,(2002) "School Vouchers: A Critical View" *Journal of Economic Perspective*,Vol.16, pp.3-24.

Murnane,R., Newstead, S. and Olsen,R.,(1985) "Comparing Public and Private School: The Puzzling Role of Selectivity Bias." *Journal of Business and Economic Statistics*, 3, pp.23-35.

Murray,C.,(2002) "IQ and Income Inequality in a Sample of Sibling Pairs from Advantaged Family Backgrounds" *American Economic Review*, Vol.92 No.2, pp.339-343.

Neal,D.A., and Johnson, W.R.,(1996) "The Role of Premarket Factors in Black‐White Wage Differences" *Journal of Political Economy*,Vol.104(5), pp.865-895.

Nechyba, T.J.,(2006) "Income and Peer Quality Sorting in Public and Private Schools" Hanushek, H.A., and Welch, F., (eds), *Handbook of the Economics of Education*,Vol.2.

Nicholson,S,(2002a) "Physician Specialty Choice Under Uncertainty" *Journal of Labor Economics*; 20(4): pp.816-847.

Nicholson,S,(2002b) "Barriers to Entering Medical Specialties" *Working Paper*. Philadelphia: Wharton School, University of Pennsylvania.

Ohta,S.,(2007) "Interregional Earnings Differentials and the Effect of Hometown on Earnings in Japan" *Inequalizaiton Trend and Policy Options in Japan*.

Paglin,M., and Rufolo,A.M.,(1990) "Heterogeneous Human Capital, Occupation Choice, and Male‐Female Earning Difference" *Journal of Labor Economics*,Vol.8 No.1, pp.123-144.

Sacerdote,B.,(2002) "The Nature and Nurture of Economic Outcome" *American Economic Review*, Vol.92 No.2, pp.344-348.

Schultz,T.W.,(1963) *The Economic Value of Education*, Columbia University Press.= (1964) 清水義弘・金子元久訳『教育の経済価値』日本経済新聞社.

Spence,A.M.,(1974), *Market Signaling: Informational Transfer in Hiring and Related Screening Process*, Harvard University Press.

Tachibanaki,T.,(1988) "Education, Occupation, Hierarchy, and Earning" *Economics of Education Review* 7, pp.221-229.

Tachibanaki,T.,(1996) *Wage Determination and Distribution in Japan*, Oxford University Press.

Wooldridg,J.M,(2001), *Econometric Analysis of Cross Section and Panel Data*, MIT Press.

あ と が き

　日本が戦争に敗れ、経済・社会が崩壊して多くの国民が貧困に苦しんだにもかかわらず、高度経済成長を達成して国民がそれなりの豊かな生活を送れるようになった最大の理由は、国民の高い教育水準による質の高い労働力の存在と、高い勤労意欲のお蔭であった。

　高い教育水準とは、次の2つの意味がある。すなわち、国民全員がある程度の基礎学力を持っていたことと、少なからずの国民が高い学識を持っていて、技術水準や生産・販売の分野で高い生産性を示すことができたからである。ところが、最近に至って国民全員の基礎学力と一部の有能な人の高い学力に黄信号がともるようになった。将来の日本経済の行方を予想する上で、優秀な労働力の欠如という問題が懸念されている。

　もう1つやっかいな問題が出現しつつある。それは教育格差と称してよいもので、よい教育を受けることのできる人とそうでない人の格差が拡大していることである。さらに、その理由が本人の努力ではどうしても避けることのできない、親の社会的・経済的状況や教育制度自身であり、その影響がますます大きい時代になっている。戦前の古い日本の教育の姿がそうであっただけに、その時代に戻ってはならないのである。

　これらの問題が顕著に現れている分野として、本書では（1）公立学校と私立学校の差、（2）本人の生まれつきの能力や関心の差、（3）文科系と理科系の差、（4）名門校と非名門校の差、（5）中央と地方の差、（6）学校教育から職業人への移行過程、（7）経済学の考え方が教育の再生に寄与できること、などを具体的に論じた。

　細かい分析の結論や政策提言については、各章や最終章に詳しいのでここでは再述せず、一般論だけをやや大げさに述べておこう。人々は様々な能力水準

や趣向・関心をもって生まれてくることを直視せねばならないが、ある程度の学力と技能を国民全員がもてるようにするのは国家の義務である。社会からの落ちこぼれを防ぐといってよい。これを大前提とした上で、能力と意欲の高い子どもと学生が、高い学力と技能を習得でき、しかもそれを十分社会で生かせるような制度の構築が必要である。そのために公費支出によって教育を充実させることにためらいがあってはならない。

　もとより、教育は有能な職業人を養成するためだけに存在するものではない。古今東西の教育哲学が教えるように、善良な市民を育成することに教育の基本はある。しかし、人の受けた教育の成果が経済に与える効果も大きいだけに、公平性に基いた機会平等を確保しながら、教育制度の改革・充実に期待したい。

　本書は京都大学において、関心を共有する師弟関係にある両人によって書かれた。教育の問題に経済学の貢献するところがあるとわかっていただければ幸いである。最後に、出版を可能にし、かつ様々の有益な助言をしていただいた勁草書房の松野菜穂子氏に感謝したい。

2008年11月

橘木俊詔・松浦司

索　引

あ 行

アリストテレス　147
石原伸晃　41
一期校　25-28,30
一般財源化　114-116,120,124-126
一般職　23
一般人的資本　162,163
一般補助金　113,114,116,117
エミール　148-150
大隈重信　24
小塩隆士　116

か 行

回帰分析　130
外生変数　9,12,19
階層化する日本社会に関するアンケート
　6,78,96,98
学歴社会　23,129,130,145,166
家計調査　91,92,94,97,101,109
学校外教育投資　92,93
学校基本調査報告書　75,103
鐘淵紡績　24
苅谷剛彦　168
観測誤差　8
カント　149,150
機会の平等　97,109,169
機会の不平等　3,89,94
技官　45,67
企業特殊的人的資本　162,163
義務教育費国庫負担制度　111-117,125-127
旧制高校　23,156
教育再生会議　i
教育バウチャー制　90,93,94,106,107
共通一次試験　26,28,29

クルーガー, A.　4
慶応大学パネル調査　123
ゲーム理論　117-119,124
結果の不平等　89,109
合計特殊出生率　89
構造改革　111
国勢調査　6
国庫支出金　112,113
借り入れ制約　3,4

さ 行

斎藤祐樹　41
櫻井翔　41
鎖国　156
三位一体の改革　111-114,124,125
シグナリング　129,130,138,141,142,144
自治事務　113
指定校制度　161,172
師範学校　25
事務官　45,67
シャウプ勧告　112
収益率　5,74,119,131,132
就業構造基本調査　7
囚人のジレンマ　111,119,121,126
収入関数　5,8,12
シュルツ　129
順序プロビット　135,136
生涯賃金　54,68,69,160,161
少子化　30,72,89,91
上場企業　37,38,45,48,130,131
昇進　23,37,39,130,131,141,170,171
消費生活に関するパネル調査　94
情報の経済学　161
情報の非対称性　129,130,138,140,141
殖産興業　156

所得格差　1,4,89,94,172
人的資本　120,129,130,138,141,144,157,
　　160-163
人的資本理論　129,130,138,141,144,160
　　-162
スクリーニング　161,162
スピルオーバー　111,116,120,121,124,
　　126
スミス, A.　153-155,157
住友合資　23
セーフティ・ネット　115
センター試験　28
総額裁量制　111,125,126
総合職　23
相対年齢効果　108
荘田平五郎　24
ソフトな予算制約　114
信用市場　3,4
社会変動　3
相関　4,5,9,10,13,74,92,98,99

た　行

代理変数　2,5,8
多項ロジット　78,79,137,142
男女共学制　25
地方6団体　115,124,125
地方交付税交付金　112,113,119,126
地方分権一括法　112
中央教育審議会　i,114,115
中高一貫　110,167
ディーラー　55
帝国大学　23,45,48,130,156
デューイ, J.　150,152,156
デュルケーム, E.　150-152
貯蓄動向調査　94
東京六大学　41
特定補助金　113,114,116
トリートメント効果　3,8,9,13,15

な　行

中上川彦次郎　24
ナショナルミニマム　113,114,116,125,
　　127
ナッシュ均衡　118,119
ナンバー・スクール　25,26
新島襄　155-157
一期校　25-28,30
日本版 General Social Surveys　122
日本郵船　23

は　行

ハーシュマン　107
橋本龍太郎　41
パス解析　3,92
パネル　3,8,12,19,94,122,123,145
ピアグループ　107,108
丙午　89
ファンドマネージャー　55
プーリング推定　20
フェミニスト　150
福沢諭吉　155,156
藤原銀次郎　24
フライペーパー効果　114
ふるさと納税　126
フレベール　149
プロビット　85,88,100,102,123,135
ペスタロッチ, J.　150,151
ベッカー, B.　160
ヘックマン, J.　4
ヘッドスタート　5,19
ベネッセ　76,87
ベル・カーブ論争　19
偏差値　29
法定受託事務　113

ま　行

マスプロ　40
松永安左ェ門　24
三井銀行　24

三越　23,24
ミンサー　5,19
武藤山治　24
銘柄大学　9,10,12,15,16,18,130-133,
　　138,140,141,144-146,161,166,167,169,
　　171,172
メカニズム・デザイン　120
森有礼　155
文部科学省　97,111,125,137

や　行
尤度関数　79,99,100,136
ゆとり教育　90,125

ら　行
ライン職　45,47
蘭学塾　24
ランダム効果　9,12,13,20
離散変数　99,142
ルソー, J-J.　148-151

労働生産性　155

数字・アルファベット
1.57ショック　89
2変量プロビット　99
Exit　107,108
IEA　19
JGSS　122,128
GDP　109,168
goo リサーチ　19
Heckman 2段階推定　74
indicator 関数　136
OECD　18,19,168
off-JT　162
OJT　157,162
PISA　19
SSM 調査　3,4
TIMSS　19
Voice　107,108

著者略歴

橘木俊詔（たちばなき　としあき）
1943年　兵庫県生まれ
1973年　ジョンズホプキンス大学大学院博士課程修了（Ph.D.）．京都大学経済学部教授を経て，
現　在　同志社大学経済学部教授
主　著　Confronting Income Inequality in Japan, MIT Press 2005
　　　　『格差社会』岩波新書，2006年
　　　　『女女格差』東洋経済新報社，2008年

松浦　司（まつうら　つかさ）
1977年　福井県生まれ
2008年　京都大学大学院経済学研究科博士課程学修認定退学
現　在　中央大学経済学部助教
主　著　「子どもと生活満足度」『日本経済研究』No.57, 2007年
　　　　「何が理想子ども数と現実子ども数の差を生みだすのか」『季刊家計経済研究』No.78, 2008年
　　　　「出生意図と出生行動」『経済分析』第181号，2009年

学歴格差の経済学

2009年2月25日　第1版第1刷発行
2009年6月20日　第1版第3刷発行

　　著　者　　橘　木　俊　詔
　　　　　　　松　浦　　　司
　　発行者　　井　村　寿　人

　　発行所　　株式会社　勁　草　書　房
112-0005　東京都文京区水道2-1-1　振替　00150-2-175253
　　　　（編集）電話　03-3815-5277／FAX 03-3814-6968
　　　　（営業）電話　03-3814-6861／FAX 03-3814-6854
　　　　　　　　　　　　　　　　　　　平文社・青木製本

© TACHIBANAKI Toshiaki, MATSUURA Tsukasa　2009

Printed in Japan

〈㈳日本著作出版権管理システム委託出版物〉
本書の無断複写は著作権法上での例外を除き禁じられています．
複写される場合は，そのつど事前に㈳日本著作出版権管理システム
（電話03-3817-5670，FAX03-3815-8199）の許諾を得てください．

＊落丁本・乱丁本はお取替いたします．
http://www.keisoshobo.co.jp

学歴格差の経済学

2024年9月20日　　オンデマンド版発行

著者　　　橘　木　俊　詔
　　　　　松　浦　　　司

発行者　井　村　寿　人

発行所　株式会社　勁　草　書　房

112-0005 東京都文京区水道 2-1-1　振替　00150-2-175253
（編集）電話 03-3815-5277／FAX 03-3814-6968
（営業）電話 03-3814-6861／FAX 03-3814-6854
印刷・製本　（株）デジタルパブリッシングサービス

©TACHIBANAKI Toshiaki,　　　　　　　　　　　AM283
　MATSUURA Tsukasa 2009
ISBN978-4-326-98624-8　　Printed in Japan

|JCOPY|　＜出版者著作権管理機構 委託出版物＞
本書の無断複写は著作権法上での例外を除き禁じられています。
複写される場合は、そのつど事前に、出版者著作権管理機構
（電話 03-5244-5088、FAX 03-5244-5089、e-mail: info@jcopy.or.jp）
の許諾を得てください。

※落丁本・乱丁本はお取替いたします。
　　https://www.keisoshobo.co.jp